JN085339

Practical Management
Accounting of KAO

Kao

花王の経理パーソンになる

慶應義塾大学　吉田栄介
花王株式会社　会計財務部門

中央経済社

本書の特徴

なぜ花王なのか？

　まずはその業績である。連結売上高1兆5,080億円，連結営業利益2,077億円（2018年12月期）を誇り，国内トイレタリー市場のトップシェア，国内化粧品で第3位，世界のトイレタリー・化粧品市場で第9位となっている。また，2018年まで29期連続増配（2019年12月期も増配予定）という東証一部上場企業最長記録を更新し続けている。創業130年を超える老舗企業でありながら，持続的に成長を続けている日本を代表する会社といえよう。

　つぎにそうした業績を生み出す企業経営の巧みさである。本書でおもに取り扱う管理会計や原価計算・管理といった経営管理分野だけでなく，戦略論やマーケティング論などの研究分野でも，古くから注目され，今日においても注目を集め続ける存在である。

　また本書で取り上げるおもな取り組みを書き出すだけでも，その持続的な革新の取り組みがおわかりいただけるだろう。年代順に，1962年に直接標準原価計算，1970年頃にP&A（Profit and Advertisement）指標の開発，1974年にポートフォリオ・マネジメント導入，1980年代にキャッシュフロー経営導入，1986年にTCR（Total Cost Reduction，その後は，経営方針にあわせて変更）活動開始，1999年にEVA$^{®}$（Economic Value Added）導入，2003年に海外SAP導入，2008年に国内SAP展開，2011年にグローバルキャッシュマネジメント導入，2016年にIFRS（International Financial Reporting Standards：国際財務報告基準）適用，2018年にGMAP（グローバル経営情報基盤；SAP Central Finance）導入といった歴史である。

一般的な教科書とどこが違うのか？

　本書では，断片的な企業の実践事例の寄せ集めではなく，非常に優れた一企業の管理会計や原価計算・管理を中心とした経理業務の全体的取り組みから学

べることがユニークな点である。

　一般的な教科書では，管理会計や原価計算・管理の仕組みを一般化し，基本形を解説するようにしている。あわせて，○○ビールの業績管理や△△電機の原価管理といった企業の実践事例なども紹介することで，読者がそうした基本形の仕組みをリアリティをもって理解する手助けとなることをねらっている。

　ただし，それだけでは不十分なこともある。経営管理の仕組みは部分で機能するのではなく，組織全体として，企業理念，経営ビジョン，中期経営計画，予算管理，業績評価制度，報酬制度などが相互に補完し合いながら，その会社の風土や行動様式を形作っていくものである。そうした全体性や相互補完性を理解することの重要性は，近年では学術的にも注目され，多くの実証研究の結果からも支持されている。そのため，優れた一企業における取り組み全体を，読者の方には知ってもらいたい。とはいうものの，管理会計の教科書に掲載されるすべてのテーマを実践している企業は決して多くはなく，本書は花王だからこそ実現した企画といえる。

管理会計や原価計算・管理の企業事例としてのおもしろさ

　管理会計や原価計算・管理業務に従事する経理パーソンや学生さん，研究者にとって，参考にできる公表されている企業実践はほとんどない。例外的に，トヨタ自動車の原価企画やトヨタ生産方式，京セラのアメーバ経営については，多くの専門書や研究書・論文がある程度である。ただしこれらについても，トヨタ自動車については原価管理・生産管理という特定の領域に情報が限定されていることや，原価企画は他産業でも実践されている活動ではあるものの，自動車産業には他産業とは異なる特殊性があり，トヨタ生産方式も定着に至る難易度は決して低くはなく，アメーバ経営も独特な経営手法と見る向きも少なくはない。つまり，多くの企業の経理パーソンにとって参考にしたいと思われる汎用性の高さと経理全体の取り組みについての情報は少ないのが現実である。

　そうしたなか，本書では管理会計や原価計算・管理が中心ではあるが，工場経理，本社管理部，本社財務部，プロジェクト推進を図る経理企画部に至る

花王の会社経理の全体的取り組みを紹介しており，そのひとつひとつの活動や導入している経営手法は奇抜なものではないため，経理にご興味をお持ちのすべてのビジネス・パーソンや学生さん，研究者にとって非常に有益な学びの機会となるはずである。

　もちろん，全体的取り組みを紹介できればどの企業でもおもしろいのかといえば，そうではない。前掲の「なぜ花王なのか？」においても1960年代以降から今日に至る持続的かつ革新的な取り組みを紹介したように，花王は，日本における管理会計発展史を1社で体現しているような貴重な事例であり，ほかには例がない「おもしろさ」があると考えている。

経理職を目指す学生さんにとって最高の教材

　本書は，経理職を目指す学生さんが独習するもよし，管理会計や原価計算・管理の授業での教科書・参考書，会計系のゼミナールなど少人数教育における教育用ケースや副読本などでの活用に最高の教材のひとつでありたいと願っている。

　就職活動に臨む学生さんにとっては，実際の入社後の仕事のイメージは湧きにくく，会計系のゼミナールの学生であっても，配属希望先を経理部にしようか営業部にしようかと思い悩む人も多い。

　本書は，入社後の研修期間を経て，工場経理部門への配属，入社3年目に本社管理部管理会計グループへの転属，4年目に本社財務部への転属，6年目に本社経理企画部プロジェクト推進への転属というキャリアパスを経ていくストーリーで構成している。

　また，「先輩が語る」コーナーでは，実際にその部署での職務に従事している若い先輩方などからのメッセージを掲載しており，学生さんにとって経理パーソンとしての就業イメージがよりリアルなものになることを期待している。

　加えて，「さらに深く学びたい人のために」コーナーでは，各テーマの上級書や論文，教科書などを簡単な解説とともに紹介する。紙幅の都合上，各テーマの一般的な説明や手続きなどを詳しく解説することはできないため，さらな

る学びの手助けとなること意図している。

　最後に，PowerPointスライドの作成と解説といったプレゼンテーション・スキル向上のためにも，ぜひ参考にしていただきたい。モノクロ印刷のためオリジナルのカラー資料をお見せできないのが残念ではあるが，スライドをどのように構成し，それをどう説明するのかという観点からもお読みいただきたい。

すべての経理パーソンにとっての学びの工夫

　本書は，経理職を目指す学生さんだけでなく，すべての経理パーソンにとっても，これまでの教科書にはない有用性を発揮できると考えている。

　何よりの特徴は，すべてのテーマにおいて，花王の会計財務部門の実務をベースとした資料（PowerPointスライド）を出発点に解説していく構成にある。すでに自社での経理業務を経験している経理パーソンにとっては，一般的な教科書にあるような基本形の説明では物足りないことも多い。その点，本書では花王の実践を紹介しているため，自社の取り組みと比較するうえでのリアリティの高さから，有用性を発揮できると考えている。

　加えて，「ココがすごい！」コーナーでの解説の有用性である。多くの企業実践を見聞きし，各社の取り組みが現在の形に至る歴史性や実践的工夫，学術的観点からも啓発的なあるべき姿に精通している研究者の視点から，花王の取り組みのすごさ，ユニークさを解説することで，経理パーソンの読者の方が，思考・判断する際の一助となることを期待している。

　また，経理パーソンの人財育成の観点からも大いに参考にしていただきたい。入社から6年間のストーリー仕立ての構成はフィクションではなく，「花王の経理が求める人財像」を掲げ，誰にいつどこで何を学んでもらおうかというキャリアパスを念頭に，配置転換を実践している花王の実際の取り組みに沿ったものである。

　それでは，やるべきことを愚直に実行し続ける日本的管理会計の真髄のような花王の経理の世界を体験してください。

目　　次

第3章
本社管理部管理会計グループ

第4章
本社財務部

第5章

経理企画部

Kao

序　章

入社から研修期間前半

　あなたも今日から花王株式会社会計財務部門の一員です。

　まずは全体研修のなかで，会社のこと，企業理念や経営ビジョン
について学びましょう。

0-1 花王の概要

図表0-1	花王の概要
商号	花王株式会社（Kao Corporation）
本店所在地	東京都中央区日本橋茅場町一丁目14番10号
創業	1887年6月（明治20年）
設立	1940年5月（昭和15年）
売上高	1兆5,080億円（連結）
営業利益	2,077億円（連結）
資本金	854億円
従業員数	33,664名（連結） 2018年12月31日現在

〈出所〉花王株式会社

　花王株式会社（以下，花王）の歴史は，創業者である長瀬富郎が石鹸や輸入文房具などの販売を手がける洋小間物商「長瀬商店」を創業した1887年にまで遡ることができる（図表0-1）。1890年には高級化粧石鹸「花王石鹸」の販売を開始し，これが社名の由来となっている。1902年には原材料の仕込みから包装までを一貫生産する請地工場が完成した。1923年に吾嬬町工場（現・すみだ事業場）の操業を開始すると石鹸の本格的な生産がスタートした。その後，1925年には花王石鹸株式会社長瀬商会を設立し，大量生産，大量販売を目指して経営の近代化にも着手した。1931年には，品質向上と入手しやすい価格を実現した新装「花王石鹸」を，翌年には「花王シャンプー」の発売を開始した。

　1940年には株式会社鐵興社（現・東北東ソー科学株式会社）との折半出資で日本橋馬喰町に日本有機株式会社を設立し，これをもって花王の設立とされてい

る。1946年には花王石鹸株式会社長瀬商会を株式会社花王に，1949年には日本有機株式会社を花王石鹸株式会社に改称し，東京証券取引所の市場第一部に上場した。

さらに1954年には，大日本油脂株式会社と株式会社花王が合併してできた花王油脂株式会社を，花王石鹸株式会社が吸収合併した。現在の花王の社名は，この花王石鹸株式会社が，事業分野の広がりに合わせて1985年に花王株式会社へと商号変更したものである。

国内における事業展開に加えて，1964年には初の海外拠点となるタイの花王インダストリアル（タイランド）社と台湾の台湾花王社を設立し，翌年にはシンガポールにもマレーシア花王社を設立するなど，海外への事業展開とともに海外企業との共同事業や買収なども積極的に実施し，事業拡大に努めてきた。

その結果，現在（2018年度）では，花王および関係会社（子会社117社，関連会社6社）は，国内25社，海外98社を展開し，約100の国と地域で商品の販売をおこなうグローバル企業となっている。地域ごとの売上高とその割合をみると，連結売上高1兆5,080億円のうち，日本が9,776億円（64.8%），アジアが2,631億円（17.4%），米州が1,368億円（9.1%），欧州が1,305億円（8.7%）となっており，海外で約3分の1の売上を上げている。

現在の花王が展開している事業分野は，一般消費者向けのコンシューマープロダクツである「化粧品」「スキンケア・ヘアケア」「ヒューマンヘルスケア」「ファブリック＆ホームケア」の4つに，産業界向けの「ケミカル」を加えた5つで構成される（図表0-2）。具体的な商品名を挙げつつ，各事業の内容を見ていくと，第1に，化粧品事業では，お客さまひとりひとりの多様な美の価値観に応えることをテーマに，スキンケア商品（「エスト」「ソフィーナiP」「キュレル」など）やメイクアップ商品（「SUQQU」「KATE」など）に加えて，ハイプレステージブランドである「SENSAI」や「モルトンブラウン」などを展開している。

第2に，スキンケア・ヘアケア事業では，美しい肌と髪の実現をテーマに，

4

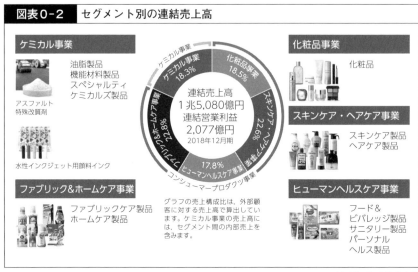

洗顔料や全身洗浄剤（「ビオレ」「ビオレu」など），ボディローション（ジャーゲンズなど）といったスキンケア商品やヘアケア用品（「メリット」「エッセンシャル」「リライズ」「ジョン・フリーダ」など）などを展開している。

第3に，ヒューマンヘルスケア事業では，快適で健やかな毎日のサポートをテーマに，サニタリー商品（生理用品「ロリエ」，ベビー用紙おむつ「メリーズ」，大人用紙おむつ「リリーフ」など），健康機能飲料「ヘルシア」，オーラルヘルスケア商品「ピュオーラ」，入浴剤「バブ」，蒸気で温める「めぐりズム」といった商品を展開している。

第4に，ファブリック＆ホームケア事業では，毎日の暮らしを清潔で快適にすることをテーマに，衣料用洗剤「アタック」や柔軟仕上げ剤「フレアフレグランス」といったファブリックケア商品と，食器用洗剤「キュキュット」，住宅用洗剤「マジックリン」といったホームケア商品を展開している。

第5に，産業界向けのケミカル事業では，環境をテーマに据え，環境負荷を低減する製品開発を通じて持続可能な社会に貢献することを目指し，油脂製品

や界面活性剤などの機能材料製品，トナー・トナーバインダーなどのスペシャルティケミカルズ製品を展開している。

　これらの5つの事業分野の事業規模としては，売上高ベースでは，2018年度の連結売上高1兆5,080億円のうち化粧品事業が2,796億円（18.5%），スキンケア・ヘアケア事業が3,414億円（22.6%），ヒューマンヘルスケア事業が2,677億円（17.8%），ファブリック＆ホームケア事業が3,441億円（22.8%），ケミカル事業が2,752億円（18.3%）となっている。また，従業員数ベースでは，連結従業員数33,664人（2018年度）のうち化粧品事業が11,812人（35.1%），スキンケア・ヘアケア事業が6,252人（18.6%），ヒューマンヘルスケア事業が5,619人（16.7%），ファブリック＆ホームケア事業が5,374人（16.0%），ケミカル事業が3,860人（11.5%）となっている。

　さらに各事業分野の営業利益と売上高営業利益率を見ていくと，営業利益2,077億円のうち，化粧品事業が277億円（売上高営業利益率9.9%），スキンケア・ヘアケア事業が488億円（同14.3%），ヒューマンヘルスケア事業が279億円（同10.4%），ファブリック＆ホームケア事業が712億円（同20.7%），ケミカル事業が306億円（同9.8%）となっている。

　では，どのようにしてこれだけの業績を上げることに成功したのだろうか。ここでは，製品開発を支える価値創造という観点から考えてみよう。花王の価値創造は，「画期的な商品開発」と「継続的な改良」の2本柱から成り立っている。前者の画期的な商品開発を支える礎には，本質研究へのこだわりと「よきモノづくり」のつながりがある。本質研究へのこだわりとは，売上高の約4%を研究開発に投資し，そのうちの半分を基礎研究に投じるように，すぐに成果がでなくても技術を蓄積する本質研究を重視することである。また，「よきモノづくり」のつながりとは，毎月のように開催される研究発表会を通じて，人と人，組織間，機能間の連携を強めていくことである。

　他方，後者の継続的な改良を支える礎には，創業時からこだわってきた「消費者起点」がある。これは，消費者のことをより深く知り，その要求に応えて

いくための対話を重視するという姿勢である。その歴史は古く，1934年には家事科学研究所（1937年に長瀬家事科学研究所，1954年に花王家事科学研究所と改称）を設立し，科学的で合理的な家事のあり方を研究し，それを講習会などで積極的に発信してきた。さらに，花王家事科学研究所の機能を継承，発展させた形で花王生活科学研究所を1971年に設立し，家事研究をさらに推し進めるだけでなく，消費者からの相談対応，啓発活動なども実施してきた。また，1978年には消費者の声をデータベース化して，その情報をもとに新たな製品開発につなげることをねらいとして消費者相談情報システム（エコーシステム）を導入した。花王は，こうした「消費者起点」の姿勢に基づき，商品を地道に改良し続けていくことが重要であると考えている。

　このような価値創造は，未来に続く暮らしを意図した商品という形で結実している。例えば，1987年には少量でも洗浄力が高いコンパクト衣料用洗剤「アタック」を開発し，容器に使う紙の量を減らすだけでなく，輸送時のエネルギー削減にも成功している。その後も容器を繰り返し使用できるようにつめかえ用商品の開発・販売にも取り組んでいる。近年では，これまで有効活用が難しかったパーム油の固体画分から製造できるサステナブルな花王独自の洗浄基剤「バイオIOS」を主成分とし，アタック液体洗剤史上最高の洗浄力を実現した「アタックZERO」を開発し，ESG（環境（Environment），社会（Social），ガバナンス（Governance））視点のモノづくりで革新的な新製品を発売している。

　このように，本質研究へのこだわりと「よきモノづくり」のつながりという土台のうえに成り立つ画期的な商品開発，「消費者起点」の姿勢という土台のうえに成り立つ継続的な改良によって，業界他社をリードする商品を開発・販売することができ，これまで高い業績を維持し続けてきたといえるだろう。実際に花王では，日本のほかの上場企業を大きく引き離す29期連続増配という結果を出しており，このことからも好業績を維持し続けてきたことがわかる。

　最後に，花王の売上高，営業利益の推移を見てみよう（**図表0-3**）。まず，売上高については，2000年頃からアメリカのITバブル崩壊をきっかけとした景気後退，2007年から2009年頃にかけて起こったサブプライム住宅ローン危機

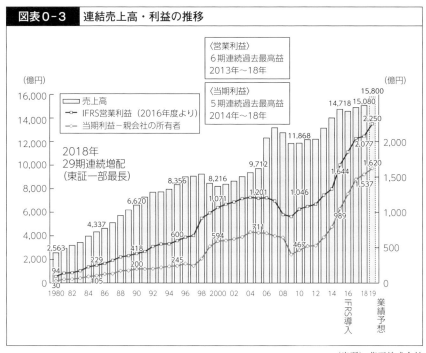

図表0-3　連結売上高・利益の推移

〈出所〉花王株式会社

に端を発したリーマンショックとそれに連鎖した一連の世界金融危機という企業努力では回避することが困難なほど経済環境の悪化した時期を除いて，おおむね右肩あがりのトレンドがうかがえる。つぎに，営業利益についても，売上高の推移と同様に，世界金融危機の期間に前年度を下回ったことがあるものの，順調に増益を続けていることがうかがえる。直近でも2013年から6期連続で過去最高の営業利益を更新し続けており，優れた業績を上げ続けていることがわかる。2019年12月期の業績予想においても，売上高15,800億円（前期比4.8％増），営業利益2,250億円（同8.3％増）となっており，今後も安定した業績が見込まれる優良企業であるといえる。

0-2 花王の企業理念と経営ビジョン

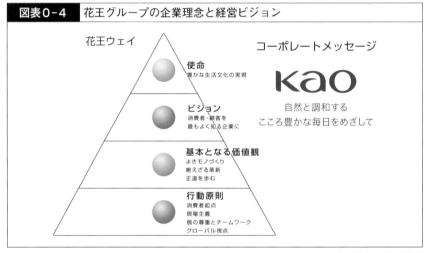

図表0-4 花王グループの企業理念と経営ビジョン

花王ウェイ

コーポレートメッセージ

使命
豊かな生活文化の実現

Kao

自然と調和する
こころ豊かな毎日をめざして

ビジョン
消費者・顧客を
最もよく知る企業に

基本となる価値観
よきモノづくり
絶えざる革新
正道を歩む

行動原則
消費者起点
現場主義
個の尊重とチームワーク
グローバル視点

〈出所〉花王株式会社

　花王グループの企業理念と経営ビジョンについて見てみよう（**図表0-4**）。花王グループは1887年の創業以来，「よきモノづくり」の精神のもと，清潔で美しく健やかな暮らしに役立つコンシューマープロダクツ事業と，さまざまな産業界の発展に寄与するケミカル事業を通じて，世界中に商品を届けてきた。

　花王グループの企業活動の拠りどころとなる企業理念（corporate philosophy）が「花王ウェイ」である。中長期にわたる事業計画の策定から，日々のビジネスにおけるひとつひとつの判断にいたるまで，「花王ウェイ」を基本とすることで，グループの活動は一貫したものとなる。またひとりひとりの社員にとっては，会社の発展と個人の成長を重ね合わせ，仕事の働きがい，生きがいを得るうえで欠かすことのできない指針でもある。花王グループの各

企業・各メンバーは，「花王ウェイ」をマニュアルや規則としてではなく，それぞれの仕事の意義や課題を確認するための拠りどころとしており，その理念は社員に深く根づいている。

　花王グループは，約130年にわたる事業活動のなかで営々と築き上げられてきた「花王ウェイ」をすべての活動の根幹に据え，世界の人々の喜びと満足のある豊かな生活文化を実現するとともに，社会のサステナビリティ（持続可能性）に貢献することを使命としている。

　また，そのよき伝統は社会的にも広く認められており，その功績として，米国のシンクタンクEthisphere Instituteが毎年発表している「World's Most Ethical Companies」（世界で最も倫理的な企業）に13年連続で選定されている。同賞創設以来，毎年受賞している日本企業は花王だけであり，今後も高い倫理意識の堅持と実践を通じて業界を主導していくことが期待される。

さらに深く学びたい人のために

◉木島淑孝編著（2006）『組織文化と管理会計システム』中央大学出版部。
　　組織文化とさまざまな管理会計の取り組みとの関係についての実証的な研究書である。
◉アメーバ経営学術研究会（2017）『アメーバ経営の進化：理論と実践』中央経済社。
　　経営理念と経営管理の仕組みを融合させる取り組みとして，アメーバ経営について学べる研究書である。
◉小倉昌男（1999）『経営学』日経BP社。
　　「宅急便」を世に生み出した経営者による自叙伝的経営書である。経営の根幹がヒトであることをあらためて認識させられる。

0-3

中期経営計画

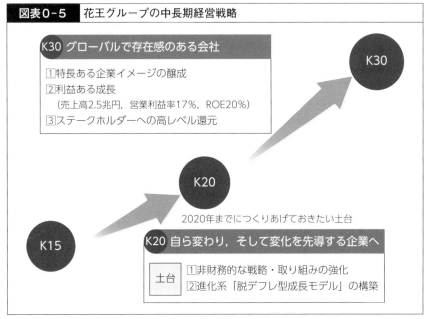

図表0-5 花王グループの中長期経営戦略

K30 グローバルで存在感のある会社

1 特長ある企業イメージの醸成
2 利益ある成長
　（売上高2.5兆円，営業利益率17%，ROE20%）
3 ステークホルダーへの高レベル還元

K30

K20

2020年までにつくりあげておきたい土台

K15

K20 自ら変わり，そして変化を先導する企業へ

土台　1 非財務的な戦略・取り組みの強化
　　　2 進化系「脱デフレ型成長モデル」の構築

〈出所〉花王株式会社

　花王グループの中長期経営戦略について見てみよう（**図表0-5**）。2030年までに達成したい姿「グローバルで存在感のある会社『Kao』」の達成のため，花王グループは中長期経営戦略を掲げている。目指す姿の実現と企業価値増大に向け，まず，2013年度を初年度とする花王グループ中期3カ年計画K15（Kao Group Mid-term Plan 2015）を策定し，最終年度までにそのすべての目標を達成した。つぎに，2017年度から2020年度までの4カ年を対象とした中期経営計画K20は，その後のK30達成のための重要な通過点と位置づけられ，「自ら変わ

序章
入社から研修期間前半

図表0-6	花王グループの中長期戦略の推進

(1) 特長ある企業イメージの醸成へのこだわり
(2) 「利益ある成長」へのこだわり
　・過去最高益更新の継続
　・実質売上高年平均成長率（CAGR）＋5％　営業利益率　15％
　・売上高1,000億円ブランドを3つ
(3) ステークホルダー還元へのこだわり

「利益ある成長」2020戦略	「K20」推進プロジェクト
・「正道を歩む」を貫く ・花王グループの資産の最大活用 　Stage Ⅱ ・資産の最大化 ・新しい資産の構築	・これまでのやり方，あり方， 　考え方改革 ・特長ある企業イメージ醸成 ・花王グループの未来創造 ・社員・家族の健康維持 ・最新技術，最新インフラの活用

〈出所〉花王株式会社

り，そして変化を先導する企業へ」というスローガンのもと，今後の大きな成長を実現させるための礎づくりを目的としている。つづいて，K30では売上高2.5兆円，営業利益率17％，ROE（Return on Equity）20％という具体的な数値目標を掲げ，特長ある企業イメージの定着，ステークホルダーへの高レベル還元という目標を掲げている。

　また会計・財務の観点からも，投下資本のコストを考慮した「真の利益」を表すEVA®（Economic Value Added：経済的付加価値，詳細は4-1節）を経営の主要な指標とすることで，安定的に創出される営業キャッシュフローを，設備投資やM＆A（合併・買収），安定的・継続的な配当，自己株式の取得などに有効活用し，企業価値の向上およびステークホルダーへの高いレベルでの還元に努めていくことを公言している。

　花王グループの中期経営戦略「K20」についてさらに詳しく見てみよう（**図表０-６**）。「特長ある企業イメージの醸成」「利益ある成長」「ステークホルダー還元」の３つに徹底してこだわり，変化を先導できるビジネスモデルの構築を目指している。それを実現させる２つのアクションプランとして，「『利益ある成長』2020戦略」と「『K20』推進プロジェクト」がある。

　この２つのアクションプランに共通するキーワードが進化系「脱デフレ型成長モデル」である。進化系「脱デフレ型成長モデル」とは，資産を有効に活用しながら積極投資をおこない，売上を上げて利益を出し，その利益を使ってさらに投資をすることで成長を加速させるという積極的な「稼ぐ力」を生み出すモデルである。このモデル構築は決して容易に実現できることではないが，抜本的な改革に取り組むことで実現しようとしている。

　そのための具体的な施策のひとつとして，2018年には事業ユニット制を発展的に解消し，意思決定のスピードアップと課題事業の活性化のために８事業グループを10事業１プロジェクトに移行した。そのほかにも，AI（Artifical Intelligence）やIoT（Internet of Things），ロボットなどの先端技術の活用に取り組む「先端技術戦略室」の創設や，ESG（環境（Environment），社会（Social），ガバナンス（Governance））活動の強化など，企業価値向上へ向けてさまざまな新たな活動をおこなっている。その成果として，2018年度時点で，９期連続増益，６期連続最高益更新を果たしており，ステークホルダーへの還元についても，2018年度に自己株式の取得，消却を実施し，29期連続増配としている。

　花王グループは，ESG戦略という非財務指標を取り入れているのも大きな特徴である。中期経営計画の策定と同時に，ESG活動（Kirei Action）を強化し，2019年には「Kirei Lifestyle Plan」を策定して，花王のESG活動の方向性と具体的な内容を示した。ESGを事業に組み込むことで「利益ある成長」モデルを構築し，社会課題の解決に貢献することを通じて企業価値を向上させ，ステークホルダーに還元することができ，ESG戦略は経営ビジョンの達成のための主軸となっているといえる。

企業の長期ビジョンや中長期経営戦略を，中長期の経営計画に落とし込み，PDCA（Plan-Do-Check-Action）マネジメントを通じて，公表した計画をお題目に終わらせることなく実現していくことは簡単なことではない。実際に，中期経営計画で掲げた目標数値と業績目標（予算目標）とが一致しない企業も多い。

その一方，花王では中長期の経営ビジョンと経営戦略や，業績評価指標（EVA®）の活用，組織体制の整備など，一貫した経営が実践されており，持続的な高業績にもつながっている。

さらに深く学びたい人のために

●櫻井通晴（2019）『管理会計〔第 7 版〕』同文舘出版。
　　日本を代表する教科書のひとつである。中期経営計画にも詳しい。
●櫻井通晴・伊藤和憲編著（2017）『ケース管理会計』中央経済社。
　　中期経営計画と予算管理について事例から学べる教科書である。
●企業予算制度研究会編（2018）『日本企業の予算管理の実態』中央経済社。
　　日本企業対象の10年毎の実態調査結果を比較検討した研究書である。中長期経営計画と予算管理の関連についても調査している。
●上埜進・杉山善浩・島吉伸・窪田祐一・吉田栄介（2010）『管理会計の基礎〔第 4 版〕』税務経理協会。
　　管理会計や原価計算の基礎的な教科書である。経営計画や利益計画にも詳しい。

Kao

第 1 章

研修期間後半

　あなたの研修期間も後半に入り，和歌山工場での研修が始まります。経理組織や経理の仕事，原価計算の基本的なことについて学びましょう。

　「会計」は「計算する (counting)」ではなく「説明する (accounting)」を語源にしています。あなたも経理パーソンとして，会計の知識を身につけ，これから仕事で関係していくさまざまな人達とのコミュニケーションを大切にしてください。

　第 1 章で学ぶことは，言い換えれば，経理部門でのコミュニケーションを学ぶ機会ともいえます。

1-1 経理部門の組織と人員

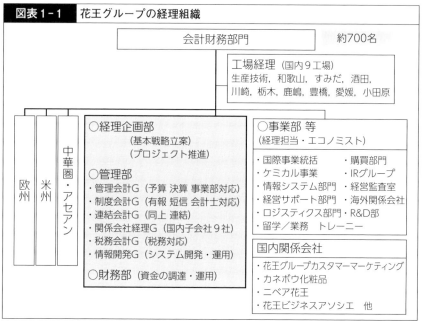

図表1-1　花王グループの経理組織

〈出所〉花王株式会社

　花王グループの経理組織は会計財務部門という名称で，グローバルに一体運営をおこなっている。総勢700名ほどの規模であり，そのうち日本国内では約200名が業務に従事している（**図表1-1**）。

　本社機能は茅場町本社に集約されており，主要な機能を担うのが管理部，財務部，経理企画部である。管理部のなかには管理会計，制度会計，連結会計，関係会社経理，税務会計，情報開発を担当する6つのグループが存在し，花王グループの経理機能をグローバルに担っている。また財務部では日々の資金管理を，経理企画部ではプロジェクトの推進や会計財務部門の戦略立案をおこなう。

　各工場にも経理人員が配置されており，日々の製造活動をさまざまな面でサポートしている。花王では，工場でのキャリアを重要視しており，メーカーの経理として必須知識である原価計算や，モノづくりの現場の理解がキャリアパスにおいて欠かせないものになっている。そのほかには，事業部や国内関係会社に所属し，事業に近い立ち位置から経理業務をサポートするメンバー，IR（Investor Relations）や内部監査に携わるメンバー，海外子会社への駐在や業務トレーニー（研修員）で派遣されているメンバーもいる。海外関係会社については，各リージョン（欧州，米州，アジア）の責任者が，CFO（Chief Financial Officer：会計財務部門統括）に報告する体制を採っている。

　近年，花王の経理組織は急速に変化を遂げている。経営・会計・財務を取り巻く経済・法制度環境は目まぐるしく変化しており，組織としてもその変化に対応するのはもちろん，先を読んだ変革が必要である。特に，IFRS（International Financial Reporting Standards：国際財務報告基準）を巡る会計基準の改定や，コーポレート・ガバナンスに関する内部統制の仕組みの構築，日々進歩する情報技術を取り込んだ経営管理手法の構築は喫緊の課題であり，経理企画部が舵取りをし，組織全体で変化の波に乗り遅れることのないように，日々，取り組んでいる。加えて，組織にとって知識の継承も非常に重要であり，花王では経理の理論や実務に特化した教育制度の充実を図っている。具体的には，原価計算や予算策定の実務を中心とした工場配属1年目向けの「経理グループ広域研修プログラム」，経理入社2年目および他部門の経理関連業務に関わるメンバー向けの基礎講座である「FBP（Finance Basic Program）」，経理メンバー向けの専門性を高める応用講座である「FAP（Finance Advanced Program）」がある。

さらに深く学びたい人のために

◉デロイト トーマツグループ（2018）『実践CFO経営　これからの経理財務部門における役割と実務』日本能率協会マネジメントセンター。
　　経理部門のあり方について，最新のトピックをまじえながら，組織としてどう変化していくべきかを論じた実務書である。

1-2
海外生産拠点と経理の駐在

図表1-2 　海外生産拠点と経理人員の駐在

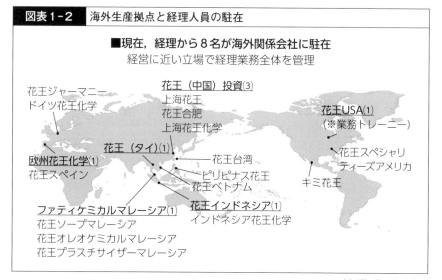

■**現在，経理から8名が海外関係会社に駐在**
経営に近い立場で経理業務全体を管理

花王ジャーマニー
ドイツ花王化学

花王（中国）投資(3)
上海花王
花王合肥
上海花王化学

花王USA(1)
(※業務トレーニー)

花王（タイ)(1)

欧州花王化学(1)
花王スペイン

花王台湾
ピリピナス花王
花王ベトナム

花王スペシャリ
ティーズアメリカ
キミ花王

ファティケミカルマレーシア(1)
花王ソープマレーシア
花王オレオケミカルマレーシア
花王プラスチサイザーマレーシア

花王インドネシア(1)
インドネシア花王化学

〈出所〉花王株式会社

　経理メンバーの海外拠点への駐在について説明しよう。事業の成長機会が海外にシフトするにつれ，現地の経営層の近くで業務をサポートする経理の重要性が増している。花王ではおもに海外生産拠点に駐在員を置き，現地の経営トップをサポート（花王USAのみ業務トレーニーとして派遣）している。

　その特徴は以下の3点である。第1に，若いうちから海外で活躍するチャンスがある。現在，おもに20代後半から30代の若い8名の駐在員がいる（**図表1-2**）。若いうちから経営層の近くで業務をおこなう経験を養い，将来的に本社の経営層に助言・提案する素養を身につけてもらう意図もある。

　第2に，経理業務全体を幅広く，総合的にマネジメントする必要がある。花

王の経理駐在員は，基本的に各重要拠点に1名がコントローラーとして駐在し，現地メンバーを統率する必要がある。そのため，経理の特定の領域の知識だけでは十分ではない。一社の社長をサポートするということは，損益計算書のトップからボトムまではもちろん，貸借対照表（債権・債務，在庫）やキャッシュフロー（資金管理），資本の変動（配当やパートナーとのコミュニケーション）まで，ビジネスを包括的に理解し，管理・判断・実行していく必要がある。

　最後に，経営管理ツールであるERP（Enterprise Resource Planning）システムがグローバルで標準化されている。つまり，花王では，日本国内の本社や工場で学んだ知識を海外でも活かすことができ，国内とほぼ同様のオペレーションで業務をおこなうことができる。花王の経理キャリアのなかで，工場や本社で経験するオペレーションは，将来，経理として世界で活躍するうえで必須の知識である。もちろん，コミュニケーションをとるうえで，言語（特に英語）の習得は欠かせないが，経理の武器は「複式簿記という世界共通言語」ということも忘れてはならない。

さらに深く学びたい人のために

◉Meyer, E.（2014）*The Culture Map: Breaking through the Invisible Boundaries of Global Business,* PublicAffairs, Philadelphia, PA.（田岡恵監訳（2018）『異文化理解力』英治出版）
◉糸木公廣（2013）『日本人が海外で最高の仕事をする方法』英治出版。
　　以上の2冊は，海外で働く際のマインドセットを学ぶことができる。
◉Soll, J.（2014）*The Reckoning*：*Financial Accountability and the Rise and Fall of Nations,* Basic Books, NY.（村井章子訳（2018）『帳簿の世界史』文春文庫）
◉田中靖浩（2018）『会計の世界史』日本経済新聞出版社。
◉Crosby, A.（1997）*The Measure of Reality: Quantification and Western Society, 1250-1600,* Cambridge University, UK.（小沢千重子訳（2003）『数量化革命』紀伊国屋書店）
　　以上の3冊は，複式簿記や会計の理論がどのように進化し，歴史にどのような影響を与えたのかを おもしろく学べる一般向け書籍である。

1-3 花王の経理の仕事

図表1-3　花王の考える経理の役割

■経営の羅針盤としての役割を果たす経理

経営数値を的確に把握し，企業強化のために迅速に具体的な提案を行い，実行を図る
経営資源の有効活用を図ると共に，ビジネスリスクの最少化に努める
税法，会計諸基準に準拠した適確な会計処理を実行するとともに，積極的にディスクロー
ズする企業活動に必要な資金の円滑な調達・運用を行う

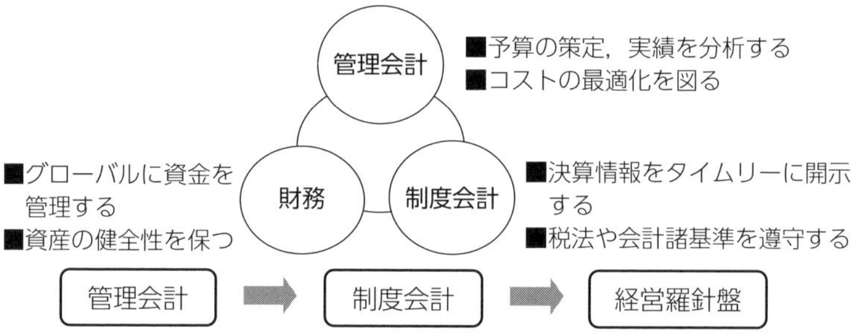

管理会計
■予算の策定，実績を分析する
■コストの最適化を図る

■グローバルに資金を管理する
■資産の健全性を保つ

財務　制度会計

■決算情報をタイムリーに開示する
■税法や会計諸基準を遵守する

管理会計　➡　制度会計　➡　経営羅針盤

〈出所〉花王株式会社

　花王の経理では「経営の羅針盤」という言葉がよく使われる。花王の経理メンバーに「経理の役割とは何か？」と問えば，ほぼ100%この言葉が返ってくるだろう（**図表1-3**）。

　ここでは，花王が考える経理の役割について，業務の内容から出発し，なぜ花王の経理は「経営の羅針盤」となることを志向しているのかを考えてみたい。

　花王の経理の役割には大きく分けて以下の3つの領域がある。

① **管理会計**

　管理会計とは予算策定や実績値の分析，将来の見込を予測することで，経営意思決定に役立つ情報の提供をおこない，目標の経営数値を実現するた

めに費用・収益のコントロールやコストの最適化をおこなう。花王では本
社管理部管理会計グループにて業務がおこなわれている。

② **制度会計**

　制度会計とは，税法や会計基準などの法制度上規定されている会計領域を
指す。おもに情報開示に関わる財務会計や，税務申告に関わる税務会計と
いった分野があり，前者は本社管理部制度会計グループおよび連結会計グ
ループ，後者は税務会計グループにて業務がおこなわれている。

③ **財　　務**

　財務は，資金の管理と調達，最適な資本政策の立案・実行をおこなう。花
王では本社財務部にて業務がおこなわれている。

　経営の羅針盤とは文字通り，経営に「道筋を示す」という意味合いであり，
3つの領域のなかでも将来の情報をあつかう管理会計は特にその色合いが強い
といえる。一方，制度会計については，一般的に，決算書の数字をまとめたり，
申告書を書いたりといった受け身のイメージがあるかもしれないが，実体はそ
うではない。制度会計は財務諸表の開示を通じて，株主や債権者，投資家とコ
ミュニケーションを取る非常に重要な役割を果たす。この部分がおろそかにな
ると，会社の信用が傷つき，資金調達に支障がでる。同様に税務申告について
も，政府や社会に対して法の遵守をしっかりとおこなうことが，会社の信用に
つながる。企業は資本市場から資金を調達しなければ，事業をおこなうことが
できない。このように適時的確な情報の開示により，会社の信用を財務的な面
から構築し，資本市場ひいては社会と良好な関係を築くことこそが事業の将来
の道筋を示すことにつながる。このように，この3つの領域は切っても切り離
せない関係にあることがおわかりいただけたかと思う。

　そうしたなかでも，花王では伝統的に，将来の予測数値を非常に重要視して
いる。実績はただの過去の情報にすぎず，経営意思決定に役立つのは圧倒的に
将来の情報である。実績の集計には時間をかけず効率的に，他方，将来の予測
には多くのリソースを割く，そのような意識が部門全体に根づいている。

1-4 花王の会計財務部門の 絶えざる革新

図表1-4　会計財務部門の絶えざる革新

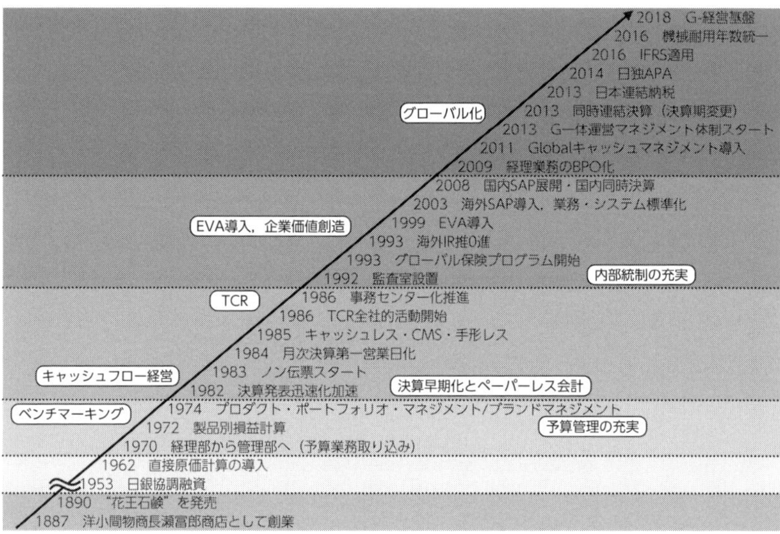

〈出所〉花王株式会社

　花王では，花王ウェイの企業理念のもと，「絶えざる革新」という価値観を大切に，事業活動をおこなってきた（詳細は0-2節）。経理部門においても1950年代から時代を先取りする形でさまざまな革新をおこなってきている。その変遷をみていこう（**図表1-4**）。

　1960年代から70年代は，管理会計領域を中心としたベンチマーキング（Benchmarking）の取り組みである。P&G社（The Procter & Gamble Company）などを手本に，優れた経営手法の導入を積極的におこなった。1962年に，当時

はまだ日本国内で直接原価計算を採用している会社はほとんどなかったが，いちはやく直接原価計算を導入した（詳細は2-5節）。これにより限界利益の概念を用いた損益管理が可能になり，収支の予測可能性が格段に高まった。1970年には，当時はほかの部門でおこなわれていた予算業務を経理部門へ取り込み，管理部として経営管理業務を集約することで，充実した予算管理が実施できるようになった。1974年には，ボストン・コンサルティング・グループが開発したプロダクト・ポートフォリオ・マネジメント（PPM：Product Portfolio Management）を導入し，内部管理用の損益についてブランド別に作成・業績評価できるブランド・マネジメントの仕組みを運用しはじめた（詳細は3-3節）。

　1980年代は，キャッシュフロー経営とTCR（Total Cost Reduction）の取り組みである。キャッシュフロー経営を導入し，キャッシュフローを意識するなかで，決算早期化とペーパーレス会計などの経理業務の効率化を進めてきた。1982年には決算発表の迅速化をさらに加速させ，1984年には月次決算の第1営業日化を実現し，経営トップへの経営数値報告および市場への情報開示の早期化を図っていった。1983年には他社に先駆けてノン伝票化を実施し，1985年にはキャッシュレス，CMS（Cash Management System：国内拠点の資金の集中化および有効活用の仕組み），手形レス（手形利用の廃止）などの経理処理の効率化を進めていった。1986年には，事業部門や購買部門，販売会社，各生産拠点などに分散していた経理機能（受発注，決済，請求書検収業務）を事務センターとして集約化した。同年，TCRという花王独自の原価管理手法を導入し，コスト低減や業務効率化の業績評価への取り込みや現場の原価意識の醸成を図ってきた（詳細は2-11節から2-15節）。このTCR活動は，キャッシュフロー経営のなかで，会社の全業務と仕事のやり方の根本的な見直しを担う中心的な活動であった。

　当時の日本はバブル景気ともいわれ，資産価格が上がり続けるなか，花王は企業理念である「正道を歩む」を貫き，余剰資金を本業以外の投資活動で殖やそうとする財テクには一切手を出さなかった。コスト削減策を愚直に実施し，かつ企業理念の実践を全うすることで，バブル景気崩壊時の業績がそれほど落

ちこむということはなかった。

1990年代前半は，資本市場への説明責任（アカウンタビリティ）に関する取り組みである。1992年に監査室を設置し，他社に先駆けて内部統制の仕組みを充実させてきた。米国SOX法の制定は2002年，J-SOX法の制定は2006年であり，花王の先進性がわかる。1993年には，海外向けのIR（Investor Relations）活動の推進を加速させた。1980年代後半から日本企業の外国人持株比率は急増しており，これに対応するためであった。また，同年には，花王グループ全体のガバナンスやリスクマネジメントのために，世界規模でのグローバル保険プログラムも開始した。

1990年代の後半は，企業価値創造に向けたEVA®（Economic Value Added：経済的付加価値，詳細は4-1節）経営の取り組みである。外国人株主の増加や金融機関を中心とした持ち合い株式の解消という時流のなか，企業価値・株主価値という概念が重要視されるようになってきた。そうしたなか，花王は1999年にEVA®を日本企業で最初に導入した。当初パイロット的に導入したアメリカの子会社を皮切りに，その後，全社へ導入した。EVA®の導入により全社レベルで貸借対照表や資本コストを意識したマネジメントがおこなわれ，従業員の意識も大きく変化した。現在も，会社全体の主要な経営指標として，また役員報酬の決定やプロジェクトの投資意思決定計算などに活用している。

2000年代はグローバル化の取り組みである。2003年に，アジアの子会社を中心に，統一ERP（Enterprise Resource Planning：企業資源計画：調達から販売までの基幹業務を統合したシステム）パッケージソフト（SAP社R/3）をベースに，業務と基幹システムの標準化をおこなった（詳細は5-1節）。アジアで成功を収めたこのERP導入プロジェクト（ABS（Asian Business Synchronization）プロジェクト）は，2008年に日本国内へ逆輸入された。同年には，国内の同時決算も実現した。2009年には経理業務のBPO（Business Process Outsourcing）化をおこない，中国の大連へ伝票処理業務を移管した。そのことでコスト削減を実現す

るとともに，経理のリソースを新たな付加価値領域へシフトすることができた。

　2011年には，資金の有効活用とグローバルな資金集約化のため，グローバルキャッシュマネジメント（Global Cash Management）を導入した（詳細は4-3節）。

　2013年には，グローバル一体運営体制がスタートする。M&A（合併・買収）によって花王グループ傘下となった複数の会社やブランドをグローバルに一体として運営することを目指し，プロジェクトが発足した。欧米のビューティケア事業から運営がスタートし，その後，機能部門までを含め，全社的に展開した。同年，それまで3月末だった日本国内の決算期を，海外と同じ12月決算に統一し，同時連結決算を開始した。グローバル一体運営と後のIFRS（International Financial Reporting Standards：国際財務報告基準，詳細は5-2節）適用へ向けての布石とするとともに，経営情報の適時・適切な開示を実現した。同年には，日本での連結納税も開始した。

　2014年には，日独間の取引について，移転価格の算定方法の妥当性を事前に確認する事前確認制度（APA：Advance Pricing Agreement）を締結した。

　2016年には，IFRSを適用した。日本企業での適用が100社に満たない早い段階での適用であり，花王にとっても大きな革新であった（詳細は5-2節）。同年に，機械耐用年数の統一も実施した。

　2018年には，グローバルに売上や利益といった会計情報を一元化するGMAP（Global Management Accounting Platform：グローバル経営情報基盤）を導入した（詳細は5-1節）。

　「絶えざる革新」の取り組みに終わりはなく，現在もなお，さらなる革新に取り組んでいる。

さらに深く学びたい人のために

●挽文子（2007）『管理会計の進化：日本企業に見る進化の過程』森山書店。
　　日本企業の管理会計の進化を明らかにした研究書である。花王の会計財務部門の歴史についても詳しい。

1-5 原価計算の基礎(1)：変動費の計算

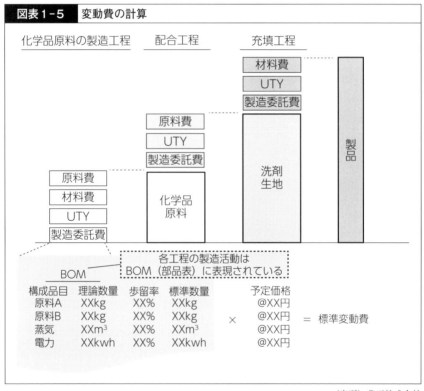

図表1-5	変動費の計算

〈出所〉花王株式会社

　原価計算の基礎として，変動費の計算について説明しよう。変動費は売上高や生産量などの営業量の増減に応じて比例的に変化する原価のことで，固定費は一定期間における営業量の増減にかかわらず一定金額が発生する原価のことである（**図表1-5**）。

　まず，原価計算の方法を学ぶ前に，工場の生産工程や業務について理解しよう。花王の多くの製品は化学品原料を使用した家庭用製品であり，生産工程は，おもに「原料の製造」「配合」「充填」という３つの段階に区分される。洗濯用（液体）洗剤を例にすると，「原料の製造」では，動・植物油脂などの原料から界面活性剤という洗剤の主要成分をつくる。「配合」では，各種界面活性剤に洗浄助剤（ビルダー）や酵素，香料などを加えて，複数の原料を組成に基づき，配合する。「充填」では，つくられた洗剤をボトルへ充填し，配送用の段ボールに詰める。

　つぎに，変動費を構成する原価項目を知ろう。花王の工場では変動費は原料費，材料費，UTY費（ユーティリティー（utility）費の略称），製造委託費の４つの項目で構成される。液体洗剤の生産では，「原料費」は，界面活性剤に投入される化学品原料，配合時に投入される香料や酵素，「材料費」は，充填に使うボトルやキャップなどの原価である。「UTY費」は，製造活動に直接的に関係する水道光熱費である。「製造委託費」は，他社に外注委託している製品の加工賃や製造ラインの委託作業（セット作業など）にかかる原価である。

　つづいて，変動費の計算に必要な数量情報を知ろう。ここで必要となるのは「理論数量」「歩留率」「標準数量」である。「理論数量」は，一定量の生産物の産出に必要な最高能率（もしくは自然科学の原理）から推定される原材料の投入量である。「歩留率」は，一定量の生産物における原材料の理論投入量に対する実績投入量の割合であり，「実績投入量／理論投入量」の数式で算定する。「標準数量」は，一定量の生産物の産出に必要な「現実的な」原材料の投入量であり，「理論数量／歩留率」の数式で算定する。こうした情報はBOM（Bill of Materials：部品表）に集約され，変動費計算の基礎となる。BOMのメンテナンスは製造部門でおこなわれる。

　例えば，液体洗剤を100g生産するために，原料Aの「理論数量」は20g，過去の生産実績などから推定される現状の生産能力見込みに基づき算定された歩留率が90％である場合，原料Aの「標準数量」は約22g（＝理論数量20g／歩留率90％）となる。

　さらに，必要となるのは各原材料の価格情報である。変動費（標準変動費）は「予定単価×標準数量」の数式で算定する。「予定単価」は実際の価格ではなく，予算上あらかじめ決められた単位あたりの購入予定価格であり，BOMに記載される構成品目ごとに設定される。予定単価は購買部門が管理し，商品市況や為替，サプライヤーとの取引状況，使用先製品の見込生産量に鑑み，決定される。

　こうして，各工程において，BOMの数量情報と予定単価を掛け合わせることで，変動費は計算される。これらの変動費計算に関する情報は，予算編成と同時期に毎年見直しがおこなわれ，標準原価の設定の基礎となる。

　　　　　　　　　　　　花王における変動費の計算には，おもに3つの特徴がある。第1に，直接標準原価計算による原価管理である（詳細は2-6節と2-7節）。一般的な原価計算の教科書で説明される直接原価計算では直接材料費を「消費単価（あるいは予定価格）×消費数量」で算定するが，花王は「消費数量（実際使用量）」の代わりに，「理論数量」と「歩留率」から標準数量を算定し，変動費の標準原価計算に基づく原価管理を実践している。また，一般的な原価計算の教科書で説明される標準原価計算では，直接材料費，直接労務費や製造間接費という区分で原価標準が設定されるが，花王では，変動費と固定費という区分をし，直接材料費を中心とした変動費の管理に重点を置いている（詳細は2-4節）。以上のことから，良好な能率で目指すべき（工場部門における）目標原価の設定・達成度チェックが可能になり，月次での原価管理を実現させている。

　第2に，直接材料費（原料費，材料費）と直接経費（UTY費，製造委託費）のみを変動費として捉えている。一般的な原価計算の教科書では，直接材料費と直接経費に加え，直接労務費を含めて製造直接費を構成すると説明されるが，花王では労務費を固定費として取り扱っている。花王は1960年代初頭から変動費の管理に重点を置いた直接原価計算（製造原価を変動費と固定費に分けて計算する原価計算手法）を実施しており，終身雇用制とも呼ばれた日本型の雇用形

態から，労務費を固定費として扱ってきたものと思われる。

　第3に，数量情報と会計情報とを統合した現場管理である。花王では原価管理において標準原価に対する変動費差異（投下量差異や棚卸差異）を追いながら，進捗管理をおこなっている（詳細は2-8節）。生産現場において歩留率などの数量情報だけでなく，その金額的インパクトまで考えたうえで改善活動をおこなうことで，現場のコスト管理意識の醸成に貢献しているといえよう。加えて，こうした意識がTCR活動（詳細は2-11節から2-15節）のような花王独自の改善活動の原動力となっていると思われる。

さらに深く学びたい人のために

●谷武幸編著（2012）『エッセンシャル原価計算』中央経済社。
　　簿記の知識がなくても原価計算の考え方を学べる入門書である。
●廣本敏郎・挽文子（2015）『原価計算論〔第3版〕』中央経済社。
　　日本を代表する原価計算の教科書である。本節に限らず，原価計算全般について詳しい。
●岡本清（2000）『原価計算〔六訂版〕』国元書房。
　　日本を代表する原価計算の教科書である。本節に限らず，原価計算全般について詳しい。
●岡本清（1969）『米国標準原価計算発達史』白桃書房。
　　標準原価計算の歴史的展開・研究系譜を解明する研究書であり，直接標準原価計算にも詳しい。
●高橋賢（2008）『直接原価計算発達史：米国における史的展開と現代的意義』中央経済社。
　　直接原価計算の体系，標準直接原価計算にも詳しい研究書である。
●小林哲夫（1993）『現代原価計算論：戦略的コスト・マネジメントへのアプローチ』中央経済社。
　　1980年代頃までの原価計算の問題点に着目し，戦略的コスト・マネジメントの特徴や研究系譜を示す上級者向けの教科書である。
●藤本隆宏（2001）『生産マネジメント入門Ⅰ・Ⅱ』日本経済新聞出版社。
　　「モノづくりのための経営」を体系的に解説する基礎的な教科書である。

第1章　研修期間後半

1-6 原価計算の基礎(2)： 固定費の計算

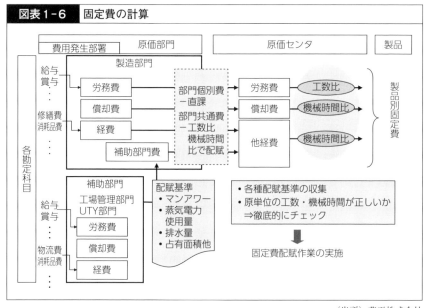

図表1-6　固定費の計算

〈出所〉花王株式会社

　前節の変動費計算につづき，固定費計算について説明しよう（**図表1-6**）。固定費は一定期間における売上高や生産量などの営業量の増減にかかわらず一定金額が発生する原価のことである。

　まず，固定費がどのように発生するのかを費目別に把握するため，労務費，償却費，経費の3つの固定費項目を算定する。これが，原価計算（固定費計算）の3段階のうちの第1段階の費目別計算である。「労務費」は工場で働く従業員の給与や賞与（ボーナス）などの原価である。「償却費」は，長期間にわたり使用される工場の建物や設備・機械などの固定資産について，使用期間にわ

たり耐用年数に応じて配分した原価である。「経費」は定期的な設備のメンテナンスにかかる修繕費や，工具消耗品費，倉庫保管料などの物流費，廃棄物処理費などの原価である。

　つぎに，原価発生部門ごとに固定費を算定するため，原価部門（一般に原価計算手続きのために原価を集計するための計算上の組織。実際の部門や工程などの管理責任単位と一致することもある）を製造部門と補助部門に区分する。ここからが，第2段階の部門別計算である。「製造部門」は製品製造を直接的に担う部門であり，製品の種類と製造段階ごとに細分する。「補助部門」は製造活動を補助する部門であり，工場運営に関わる事務・経理・人事などの管理業務を担う「工場管理部門」と，製造活動や工場管理に必要な動力や排水などを供給・管理する「UTY（ユーティリティー（utility）の略称）部門」から構成される。

　これらの部門別に労務費，償却費，経費を集計するのが部門費の第1次集計である。

　つづいて，補助部門の固定費が各製造部門へのサービス・サポートのためにどのくらい発生しているのかを把握し，製造部門に割り当てる部門費の第2次集計をおこなう。これは最終的に製品別の固定費を算定するため，補助部門の固定費を，製品との関係が見出しやすい製造部門に割り当てる作業である。この割り当て作業を「配賦」と呼び，マンアワー（man hour：作業時間数），蒸気電力使用量，排水量など，固定費の各項目に応じた配賦基準における各製造部門の利用率に基づき，各製造部門に配分していく。

　こうして製造部門へ配賦された固定費は製造部門の「補助部門費」となり，製造部門の労務費，償却費，経費および補助部門費の4つの固定費項目を「原価センタ」に集計する。なお，花王の工場では一定の製品群ごとに製品製造に関わる「原価部門」を設定し，各製品群の製造プロセスにおける配合，充填・包装などの製造工程を原価センタとして認識する。花王の原価センタでは，部門費の第2次集計後の原価部門における固定費の4区分から，経費と補助部門費を他経費として統合した3区分へと集計区分を変更する。

　具体的には，製造部門の各固定費項目を「部門個別費」と「部門共通費」に区分したうえ，原価センタに割り当てる。部門個別費は発生部門を直接認識できる費目（例えば，ある製造部門でのみ従事する現場作業者の給料など）であり，原価センタに直課する。部門共通費は複数の部門で共通に発生するため発生部門を特定できない費目（例えば，工場建物の減価償却費など）であり，工数や機械時間比など適切な配賦基準に基づき配賦する。

　最後に，原価センタに集計された労務費，償却費，他経費を各製品に配賦し，製品別固定費を算定する。これが，第3段階の製品別計算である。花王の配賦基準は，労務費については工数比，償却費と他経費については機械時間比を用いている。

　また，花王の工場における固定費の計算では，より適切な配賦基準がないか，各種の配賦基準の情報収集や，製品1単位あたりの生産に必要な物量である「原単位（生産物1単位あたりの原価財の使用量）」の情報（工数・機械時間など）の正確性を徹底的にチェックし，予算編成のタイミングで毎年，配賦基準や原単位の見直しをおこなっている（詳細は2-7節）。

　　　　　　　　　　　　花王の工場における固定費の計算には，おもに3つの特徴がある。第1に，補助部門で発生する労務費・償却費・経費を固定費としている。『原価計算基準』や一般的な原価計算の教科書では，製造間接費として説明される原価項目である。つまり，一般的な「間接費の配賦計算」ではなく，「固定費の配賦計算」を実践している。花王が古くから実践してきた直接原価計算による固定費・変動費の区分に工場でもなじみがあることから，直接費・間接費という区分を避けてきたと考えられる。また，花王が直接原価計算を導入したのは，原価計算基準が制定された1962年であり，原価計算・管理における先駆的な企業であることがうかがえる（詳細は2-5節）。

　第2に，製品との対応を意識した製造固定費（固定製造原価）の計算である。一般的な原価計算の教科書では，直接原価計算における製造固定費を一括して

期間原価として計算するが，花王では固定費も各製品と対応させている。製品
の収益性を厳しく管理するためにも有効な方法である。

　第3に，積極的な固定費の原価管理である。部門や製品への直課ができず，
配賦計算が必要な原価については，一般的に管理者や現場担当者の納得を得る
ことが難しい。一方，花王では，より適切な配賦基準を製造現場から収集する
努力を惜しまず，徹底的に原単位を見直すことで，原価管理責任者の納得感を
高めることに成功している。原価管理責任者の納得が得られる数字であること
は，原価管理を実施していくうえで非常に重要な要件である。

さらに深く学びたい人のために

●清水孝（2014）『現場で使える原価計算』中央経済社。
　　補助部門費を固定費と変動費に分ける原価計算の実践・考え方にも詳しい入
　　門書である。
●清水孝（2018）『論点で学ぶ原価計算』新世社。
　　変動製造間接費と固定製造間接費の配賦計算にも詳しい入門書である。
●川野克典（2016）『管理会計の理論と実務〔第2版〕』中央経済社。
　　実務家出身の管理会計研究者による固定費・変動費と直接原価計算の考え方
　　や「原価計算基準の陳腐化」問題にも詳しい教科書である。
●安酸建二（2012）『日本企業のコスト変動分析：コストの下方硬直性と利益への影
　　響』中央経済社。
　　売上高の増減に対するコストの変動を体系的かつ実証的に解明する上級者向
　　けの研究書である。
●上總康行・長坂悦敬編著（2016）『ものづくり企業の管理会計』中央経済社。
　　日本のものづくりにおける製品開発から製造までの管理会計実践に着眼した
　　研究書である。

第1章
研修期間後半

先輩が語る1

和歌山工場 地区SC（サービスセンター）経理　2016年入社

　私は2016年に鹿島工場の経理部門に配属となり，約3年間原価計算業務を担当，その後入社4年目に和歌山工場の経理部門へ異動となり，現在は原価計算業務・固定資産業務を中心に担当しています。

　私が花王経理部門に配属となり，入社前と入社後で感じたギャップをまとめると，「入社数年目で工場経理の中心となること」と「他部門との連携が非常に大事であること」の2点が挙げられます。

　ひとつめの「入社数年目で工場経理の中心となること」について，私の場合，入社2年目の半ばに，原価計算業務の主担当を担うこととなりました。入社約1年半で，決算業務や予算業務を自身が主担当として業務を進めていくことに，初めは不安や苦労もありましたが，早い段階から，自身が経理として工場，さらには会社全体にどのように貢献していきたいのかを考える癖がつき，今でもそのときの経験が大いに役立っていると実感しています。この経験から，早くから経験を積むことのできる環境が，花王経理部門には備わっていると強く感じます。ふたつめの「他部門との連携が非常に重要であること」について，当然ですが，工場の経営活動がなければ経理の業務は必要ないですし，経理部門がなければ工場の経営活動も機能しません。したがって，経理と他部門の連携が非常に重要であり，互いに同じ方向を向いて，工場により良い効果を生み出せたときは大きなやりがいを感じます。私も原価計算業務にて，生産現場の課題を現場と経理が一体となって，改善の方法に導くことができた経験は，今でも強く印象に残っています。

　最後になりますが，よく経理部門は「経営の羅針盤」といわれますが，花王経理部門には入社数年目で，工場の経営の方向性を，数字の面からサポートできる場があると感じています。私自身も，引き続き他部門との連携を大切に，日々取り組んでいきたいと思います。

Kao

第 2 章

工場経理

　あなたは，研修期間が終わり，工場経理原価計算担当に配属となりました。さあ，研修中に学んだ基本的な原価計算より実践的なもの，さらには原価管理まで大いに学びましょう。

　第2章で学ぶことは，言い換えれば，工場メンバーとのコミュニケーションを学ぶ機会ともいえます。

2-1 工場経理業務

図表2-1　工場経理業務

原価計算	固定資産管理	一般会計
〈業務内容〉 原価管理 予算管理	〈業務内容〉 土地，家屋，償却資産の管理	〈業務内容〉 工場の収入，支出の管理
〈関連ワード〉 ・変動費 ・固定費	〈関連ワード〉 ・減価償却費 ・固定資産税	〈関連ワード〉 ・現金預金 ・売掛金／買掛金 ・未払金 ・未収入金

〈出所〉花王株式会社

　花王では，国内9工場に工場経理部門を設置している。工場経理部門は，管理会計業務である原価計算，固定資産管理，財務会計業務である一般会計の3つの業務をおもに担当している（**図表2-1**）。

　まず，管理会計業務である原価計算では，工場で生産している製品の原価を計算することで，財務諸表の作成や販売価格の決定などに必要なデータを提供することに加え，予算管理や原価管理をおこなう役割を担っている。予算管理とは，目標利益を設定するだけでなく，変動費と固定費それぞれの予算数値（目標原価）を設定し，それらの達成状況を把握し，予算の確実な達成を目指す管理活動である（詳細は2-6節と2-7節）。また，原価管理とは，製品単位あたりの標準原価（目標原価）を設定し，実績との比較，分析を通じて，その

図表2-2	工場経理　原価計算担当　業務スケジュール

■業務内容

〈月次－毎月の業務〉
・月次工場概況報告　資料作成
・期中新規品の原価設定

〈決算－四半期に一度の業務〉
・試算表管理
・在庫評価
・監査（半期に一度）

〈予算－年に一度の業務〉
・労務費予算/建仮予算/経理予算
・次年度標準原価計算

■１年間スケジュール

１月	月次・決算（4Q）
２月	月次
３月	月次
４月	月次・決算（1Q）
５月	月次
６月	月次
７月	月次・決算（2Q）
８月	月次
９月	月次
10月	月次・決算（3Q）
11月	月次
12月	月次

予算（7月～9月）

※花王の会計は，１-12月会計を採用

〈出所〉花王株式会社

達成を目指す管理活動である（詳細は２-8，2-9，2-10節）。

　つぎに，財務会計業務のひとつである固定資産管理では，工場や生産設備の減価償却費，工場や生産設備に土地を含めた固定資産にかかる固定資産税を算定するだけでなく，それらの算定を円滑におこなうために，固定資産の保有・利用状況などを把握する役割を担っている。もうひとつの一般会計では，各工場で発生した収入，支出を集計し，損益を把握し，管理するとともに，財務諸表の作成などに必要な情報を提供する役割を担っている。

　工場経理部門では，どのようなサイクルで１年間の業務を実施しているのだろうか。原価計算業務の担当部門を一例として見てみよう（図表2-2）。

　まず，月次で実施する業務として，１カ月の計算期間（原価計算期間）で実施する原価計算に基づいて，予算数値の達成状況などを工場長，各部門の部

長・課長職といった工場のマネジメント層に報告する。また，原価管理に関して，標準原価と実際原価の差異を把握・分析したうえで，現場での管理活動に役立つ情報を提供する。加えて，新製品の生産開始の際には，製品単位あたり標準原価の見積りなども実施する。

　つぎに，四半期ごとに実施する業務として，固定資産管理や一般会計と連携して工場内にある在庫評価を実施し，四半期決算に必要な情報を提供するために試算表のチェックをおこなう。また，半期に１度は会計指針に沿った経理業務を実施しているのかを確認するために貯蔵品管理に関する監査も実施する。

　さらに，１年ごとに実施する業務として，７月から10月頃にかけておこなう年次予算の策定と標準原価の見直しがある。年次予算の策定に際しては，１年間を通じて把握してきた予算の達成状況に加えて，現況を考慮したうえで労務費予算などを策定する。また，１年間の標準原価の達成状況を考慮したうえで，必要に応じて標準原価の見直し・改訂作業もおこなう。

　花王の工場経理業務に関して注目すべき点は，原価・利益意識の醸成，三現主義を体現した原価管理という２点である。

　まず，原価・利益意識の醸成に関して，花王の工場経理部門では，製品原価の計算にとどまらず，原価管理や予算管理を含む原価計算業務を入社１年から２年目の社員が担当している。入社間もない段階から製造現場に近いところで原価計算を担当することは，どの製品がどのくらいの原価で製造されているのかを認識するためには非常に有用であり，そのことが早い段階からの原価意識の醸成に役立っていると考えられる。

　また，利益目標の達成を目指す管理活動である予算管理も担当することで，その達成状況を月次で工場のマネジメント層に報告する業務を担うことになる。毎月のように現状を正しく把握し，報告するという繰り返しのなかで，利益目標を意識するようになっている。

　これらの原価意識，利益意識の醸成は，従業員の原価管理や利益管理に向け

た行動を促すことが期待され、持続的な高業績の実現のためにも重要であることが知られている。花王が好調な業績を実現し続けている背景として、このように入社後間もない段階から原価・利益意識が醸成されるような業務割り当てがあることが推察される。

　つぎに、三現主義を体現した原価管理に関して、花王の工場経理のうち原価計算の担当部門では、現場の管理活動に役立つ原価情報を提供する役割を担っている。そのためには単に会計数値の分析にとどまらず、現場の実態を踏まえた情報を提供する必要がある。これは、日本企業に特有とされる三現主義（現場に足を運び、現物を見ながら、現実に即した問題解決を実施するという考え方）のもとで原価管理が実施されていることを示している。三現主義は企業業績に貢献することが知られており、花王における三現主義を体現した原価管理が、持続的な高業績を支える役割を担ってきたことがうかがえる。

さらに深く学びたい人のために

◉金児昭（2011）『会社「経理・財務」入門〔第3版〕』日本経済新聞社。
　　経理部門においてどのような業務を実施しているのかを広く知ることのできる実践的な入門書である。
◉櫻井通晴編著（1997）『わが国の経理・財務組織』税務経理協会。
　　経理部門の実態と役割について質問票調査を用いて明らかにしている研究書である。
◉加登豊・山本浩二（2012）『原価計算の知識〔第2版〕』日経文庫。
　　原価計算がどのような役割を担っているのかについて、基礎的な情報を得ることができる入門書である。
◉吉田栄介・福島一矩・妹尾剛好・徐智銘（2017）『日本的管理会計の深層』中央経済社。
　　日本企業を対象とした実態調査と実証研究による研究書である。工場経理部門業務の実態についても調査している。

2-2 原価計算手法

図表2-3	原価計算手法

花王の原価計算手法 … 総合・標準・直接　原価計算を採用

個別原価計算
特定製品を限定生産する場合に適用され，発生原価を指図書別に集計

製造現場，業種に合わせて選択

総合原価計算
標準化された製品を大量生産する場合に適用され，計算期間における生産量に対し発生費用を集計（工程別・組別）

実際原価計算
生産過程の進行と並行的に，実際に発生した原価を計算（事後）

どのように原価管理をするか

標準原価計算
科学的分析結果に基づき，あらかじめ標準原価を計算（事前）

全部原価計算
あらゆる発生原価をすべて製品原価として集計

利益管理・計画

直接原価計算
製品原価を構成する要素を，変動費と固定費に分けて集計

〈出所〉花王株式会社

　一般に，原価計算とは，製品を製造するために使用した資源の金額を製品ごとに把握するためにおこなうものであり，費目別計算，部門別計算，製品別計算の3つの段階を経て計算する。原価計算は，財務諸表の作成，販売価格の決定，原価管理，予算管理，計画策定などに活かすことを目的として実施する。

　製品別原価計算について，さらに説明すると，その目的や利用される環境に応じていくつかの種類に分けることができる（**図表2-3**）。

　まず，生産形態との関係では，個別原価計算と総合原価計算とに分けられる。個別原価計算は，顧客から注文を受けるたびに特定の製品の製造をおこなう受注生産形態を採用している製品で，製造指図書ごとに原価を集計する場合に適

した原価計算手法である。総合原価計算は，規格品・標準品を需要見込みに基づいて繰り返し生産する大量生産形態を採用している製品で原価を計算する場合に適した原価計算手法である。花王では，５つの事業セグメント（化粧品事業，スキンケア・ヘアケア事業，ヒューマンヘルスケア事業，ファブリック＆ホームケア事業，ケミカル事業）において製造されている製品の多くは，受注生産というよりも市場における需要をベースとして見込みで大量生産していることから，総合原価計算を採用している。

　総合原価計算は，さらに工程別総合原価計算，組別総合原価計算，等級別原価計算の３つに分類される。工程別総合原価計算は，２つ以上の連続する工程を経て製品を生産し，各工程が明確に区分される場合に，組別総合原価計算は，２つ以上の異なる製品を繰り返し生産する場合に，等級別原価計算は，同種類の製品であるが，サイズなどが異なる製品を繰り返し生産する場合に用いる原価計算手法である。花王では，原材料の配合，容器への充填，容器の包装といった複数の工程を経て連続的に製品を製造していることから，工程別総合原価計算を採用している（詳細は2-3節）。

　つぎに，原価管理との関係では，実際原価計算と標準原価計算とに分けられる。実際原価計算は，製品の製造に実際にかかった原価を計算する手法であり，標準原価計算は，製品の製造にかかる材料や労働力の消費量などについて，科学的・統計的調査に基づいて見積もられた標準を設定し，それに実際の生産量を掛け合わせることで原価を計算する手法である。

　実際原価計算を用いた原価管理では，前月比・前年度比のように過去データと比べた実際原価の数値をもとに原価管理を実施する。一方，標準原価計算を用いた原価管理では，あらかじめ目標となる製品１単位あたりの原価標準を設定し，その数値をもとに計算された標準原価と実際原価とを比較することで，標準原価を達成できない原因がどこにあったのかを分析，対処していくといった原価管理を実施する。科学的・統計的に見積もられた標準原価と実際原価とを比較することでようやく製品の製造原価が適切なものであったのかを判断することができ，その判断基準を欠いた実際原価計算のみを用いた原価管理では

十分な効果を期待することは難しい。したがって，原価管理を目的とする場合には，標準原価計算の利用が望ましい。花王では，原価管理を重要な管理活動のひとつとして位置づけており，標準原価計算を採用している（詳細は2-4節）。

　最後に，集計される原価の範囲との関係では，全部原価計算と部分原価計算とに分けられる。全部原価計算は，製品の製造に関連して生じるすべての原価を製品原価として集計するのに対して，部分原価計算は，製造原価の一部のみを製品原価として集計する原価計算手法である。部分原価計算の代表例が直接原価計算であり，原価を変動費と固定費に分類したうえで，別々に集計する。

　企業は，製品をどれだけ販売したときに，原価がどの程度になり，利益がどの程度になるのかという自社の利益が生み出される構造を把握しておくことが求められる。全部原価計算では売上高の増減と利益の増減が連動するとは限らないのに対して，直接原価計算では売上高の増減に応じて利益が変動するという違いがある。例えば，全部原価計算では，販売量が一定でも生産量を増やして在庫が増加する場合に，期末製品・仕掛品に固定費を負担させるため，大きな利益が出ているように計算されてしまうのに対して，直接原価計算では販売量が一定であれば計算される利益額は変わらない。したがって，販売量，原価，利益の関係を把握するためには，直接原価計算のほうが有用である。

　さらに，直接原価計算の情報は利益計画にも役立てることができる。例えば，目標とする利益額を達成するためには，どの程度の売上高が必要なのか，製品ごとの収益性はどうなっているのか，どのような製品の製造・販売の組み合わせによって利益が最大化できるのかといったことを検討していく際にも直接原価計算の情報が有用となる。花王では，向こう1年間の利益計画を立て，その達成に向けた管理活動を実施したいと考えていることからも，直接原価計算を採用している（詳細は2-5節）。

　花王の原価計算業務に関して注目すべき点は，「異なる目的には異なる原価を」という考え方を体現した原価計算業務が実施されている点である。

　各原価計算手法は，利用目的や製品の生産方法に応じて使い分けることが重要である。それは，すべての状況で適合的な原価計算手法は存在しないためである。例えば，実際原価計算は財務諸表作成を目的とする場合には適合的ではあるが，原価管理を目的とする場合には必ずしも望ましくない。そのため，花王のように，原価管理をしっかりとおこなうために標準原価計算を導入し，その情報を活用するという姿勢が重要になる。同様に，全部原価計算は直接原価計算と異なり，販売量，原価，利益の関係が把握しづらいため，花王のように，向こう１年間の利益計画を立てて，その管理活動を実施する際には直接原価計算に基づく情報を活用することが重要である。

　目的に応じて複数の原価計算手法を採用することは，管理活動に要するコスト，手間という観点から回避するという判断もありえる。しかしながら，花王のように「異なる目的には異なる原価を」という考え方に基づいた原価計算手法を採用し，それを活用することで，より望ましい管理活動や意思決定を可能にしているのであれば，いま一度，自らの組織が利用可能な経営資源（原価計算手法の採用と情報活用に利用できるヒト，カネなど）や費用対効果のバランスのなかで検討していくことが重要であるといえるだろう。

さらに深く学びたい人のために

◉廣本敏郎・挽文子（2015）『原価計算論〔第３版〕』中央経済社。
　　日本を代表する原価計算の教科書である。
◉清水孝（2017）『原価計算〔改訂版〕』税務経理協会。
　　業種，生産形態などに応じて異なった原価計算手法が用いられることを知ることができる入門書である。
◉清水孝（2014）『現場で使える原価計算』中央経済社。
　　日本企業ではどのような原価計算が実施されているのかについて，質問票調査を踏まえた実態を知ることができる教科書である。

44

2-3
工程別総合原価計算

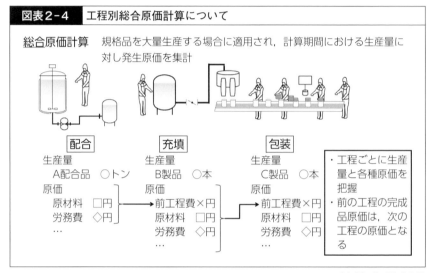

図表2-4　工程別総合原価計算について

総合原価計算　規格品を大量生産する場合に適用され，計算期間における生産量に
対し発生原価を集計

配合　充填　包装

・工程ごとに生産量と各種原価を把握
・前の工程の完成品原価は，次の工程の原価となる

〈出所〉花王株式会社

　花王の工場では総合原価計算をおこなっている（**図表2-4**）。製品原価の計算方法は，受注生産か見込生産かという製品の生産方法の違いによって，個別原価計算と総合原価計算の2つに大きく分けられる。アタック，メリーズ，メリットなどの規格品を大量（見込）生産する場合には，生産活動が長期間にわたり継続されるため，原価計算期間（花王では一般的な1カ月）を区切って生産量に対して発生した原価を集計する必要がある。一般的には，この1カ月間に発生した原価を期間内に完成した製品（完成品）と，加工途中で未完成の製品である仕掛品に配分し，完成品と仕掛品の原価を計算する。ただし，花王では期末に製品や原材料の在庫を確認する棚卸業務において，あえて工程途中の仕掛品は認識せずに，未完成品に関する原材料を未使用のものと同等に扱い，こ

れを「原料戻し」と呼んでいる。また，花王では標準原価計算もおこなっているため，製品１単位あたりの原価は，あらかじめ計算された標準原価を用いている。

　一般的に総合原価計算をおこなう場合には，原材料費などの「直接材料費」と，それ以外の「加工費」とでは，完成品と仕掛品の原価への配分割合が異なる。その理由は，直接材料費は原材料などが投入された時点で全額発生（費消）するが，加工費は製品の加工が進むにつれて段階的（計算上は比例的）に発生していくと考えることにある。そのため，加工費は仕掛品加工の進み具合（加工進捗度）を考慮して，完成品と仕掛品に配分されることになる。

　花王の総合原価計算は，工程ごとに原価を集計する工程別総合原価計算である。例えば，工場で液体洗剤を生産する場合，界面活性剤などの原料を「配合」し，配合されたA配合品を容器に「充填」し，充填されたB製品を「包装」し，最終的に市場で販売されるC製品として完成させる。工程別総合原価計算によって，この配合工程，充填工程，包装工程ごとに原価を計算すれば，どの工程でムダがあったかを把握することができる。

　変動費と固定費の計算は，工程別総合原価計算においても重要である。原材料費などの変動費はどの工程で発生したのかが明確なので，工程ごとに直接集計（直課）する。一方，労務費などの固定費は，例えば複数の工程を担当しているマネジャーがどの工程のためにどれだけ従事したのかは即座には不明のため，工数や機械時間など適切な配賦基準に基づき，各工程に配賦する（詳細は1-6節）。

　それでは，液体洗剤の生産を例に，花王の工程別総合原価計算のプロセスを詳しく説明しよう。まず，最初の工程（第１工程）である配合工程におけるA配合品の完成品の原価を計算する。ある月の配合工程におけるA配合品の原料投入は12トンで，10トン完成し，原料戻し（月末仕掛品）は２トン，原材料費などの発生原価が1,200,000円だったとする。花王では，仕掛品を認識せず原料戻しとなる（月初仕掛品もない）ため，１トンあたり原価は100,000円（1,200,000

円／12トン）となり，配合工程におけるＡ配合品完成品原価は1,000,000円（100,000円×10トン），原料戻し（月末仕掛品原価）は200,000円（100,000円×２トン）である。

　つぎに，第２工程である充填工程のＢ製品の完成品原価を計算する。充填工程の始めに，前工程である配合工程のＡ配合品完成品が投入される。そのため，充填工程ではＡ配合品完成品原価を「前工程費」として，原材料費と同じように扱う。このような工程別総合原価計算の方法を「累加法」と呼ぶ。

　ある月の充填工程におけるＢ製品の生産にとりかかったのが20,000本で16,000本完成し，原料戻し（月末仕掛品）は4,000本，原材料費などの発生原価が500,000円だったとする。前工程費は1,000,000円で，月初仕掛品は認識しないため，１本あたり原価は75円（（1,000,000円＋500,000円）／20,000本）となり，充填工程におけるＢ製品完成品原価は1,200,000円（75円×16,000本），原料戻し（月末仕掛品原価）は300,000円（75円×4,000本）となる。

　最後に，第３工程である包装工程のＣ製品の完成品原価，すなわち最終的に市場で販売される製品の原価を計算する。包装工程の始めに，前工程である充填工程のＢ製品完成品が投入される。そのため，包装工程ではＢ製品完成品原価が前工程費となり，原材料費と同じように扱われる。ある月のＣ製品の生産にとりかかったのが16,000本ですべて完成し（原料戻し（月末仕掛品）は０本），原材料費などの発生原価が400,000円だったとする。前工程費は1,200,000円で，月初仕掛品は認識しないため，１本あたり原価は100円（（1,200,000円＋400,000円）／16,000本）となり，包装工程におけるＣ製品完成品原価は1,600,000円（100円×16,000本）となる。

　なお，説明では単純化したが，実際の花王の総合原価計算は，同じ種類の原材料を投入し，同様の加工をおこない，異なる種類の製品を生産する場合に用いられる「組別」総合原価計算でもある。これに対し，１種類の製品を生産する場合に用いられる総合原価計算は，「単純」総合原価計算と呼ばれる。

　組別総合原価計算では，組直接費と組間接費の区分が重要である。組直接費

はどの製品のために発生したかが明確な原価であり，各製品に直課する一方，組間接費はどの製品のために発生したかが不明確な原価であり，各製品に配賦する。

　花王の組別総合原価計算では，基本的には組直接費は変動費，組間接費は固定費と対応している。花王の工場では，配合，充填，包装という工程ごとに複数の異なる製品が流れていく。そのため，それぞれの工程における原材料費などの変動費は組直接費として各製品に直課する一方，労務費などの固定費は，組間接費として工数や機械時間など，適切な配賦基準に基づき，各製品に配賦することになる。

さらに深く学びたい人のために

●清水孝（2017）『原価計算〔改訂版〕』税務経理協会。
　　企業の実際の生産活動と原価計算実務を踏まえた原価計算の入門者向けの教科書である。総合原価計算の基本を学べる。
●清水孝（2014）『現場で使える原価計算』中央経済社。
　　日本企業ではどのような原価計算が実施されているのかについて，質問票調査を踏まえた実態を知ることができる教科書である。総合原価計算の実務についても詳しく説明されている。
●廣本敏郎・挽文子（2015）『原価計算論〔第3版〕』中央経済社。
　　日本を代表する原価計算の教科書である。本節に限らず，原価計算全般について詳しい。
●岡本清（2000）『原価計算〔六訂版〕』国元書房。
　　日本を代表する原価計算の教科書である。本節に限らず，原価計算全般について詳しい。

2-4 標準原価計算

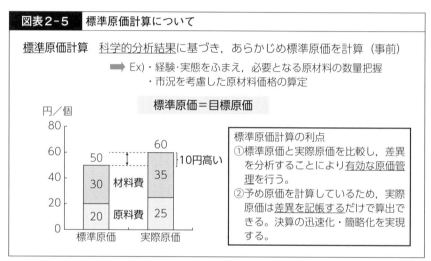

| 図表2-5 | 標準原価計算について |

標準原価計算　<u>科学的分析結果</u>に基づき，あらかじめ標準原価を計算（事前）

➡ Ex）・経験・実態をふまえ，必要となる原材料の数量把握
　　・市況を考慮した原材料価格の算定

標準原価＝目標原価

円／個

標準原価計算の利点
①標準原価と実際原価を比較し，差異を分析することにより<u>有効な原価管理</u>を行う。
②予め原価を計算しているため，実際原価は<u>差異を記帳する</u>だけで算出できる。決算の迅速化・簡略化を実現する。

〈出所〉花王株式会社

　花王の工場では，完成品の原価について，実際原価ではなく，標準原価を使用する標準原価計算をおこなっている（**図表2-5**）。

　まず，標準原価計算の基礎について説明しよう。すでに前々節で説明したように，原価管理との関係で原価計算を分類すると，実際原価計算と標準原価計算とに分けられる。実際原価計算は，製品の製造に実際にかかった原価を計算する手法であり，標準原価計算は，製品の製造にかかる材料や労働力などの消費量について，科学的・統計的調査に基づいて見積もった標準を設定し，それに実際の生産量を掛け合わせることで原価を計算する手法である。

　実際原価と標準原価とは何が違うのだろうか。実際原価とは実際消費量に，実際価格または予定価格を乗じて算定される原価のことである。一方，標準原価とは消費量を科学的分析結果に基づき，能率の尺度となるようにあらかじめ

決定し，予定価格または過去の平均価格（正常価格）を乗じて，事前に算定される原価のことである。したがって，実際原価と標準原価のおもな違いは，消費量を科学的分析結果に基づき，能率の尺度となるように決定しているかどうかにある。例えば，花王の製品の標準原価は，経験・実態をふまえ，必要となる原材料の消費量を把握し，市況を考慮した予定価格を乗じて算定している。

　標準原価計算では，製品1単位あたりの標準原価である「原価標準」の設定が重要になる。標準原価計算の基本構造は，あらかじめ設定した原価標準に1カ月間の完成品数量や仕掛品数量を乗じて，本来あるべき目標原価である当月の標準原価を計算することにある。

　つぎに花王の取り組みを紹介する。一般的には，原価標準は直接材料費，直接労務費，製造間接費ごとに設定するが，花王では原材料費などの変動費と労務費などの固定費に区分して原価標準を設定している。製造固定費（固定製造原価）は，一定の生産量に対して必要となる標準工数・機械時間を設定し，製品別に配賦する。（製造）変動費は，例えば，アタックのような製品を1個生産するために界面活性剤などの原料費20円，ボトルなどの材料費30円が必要な場合，（製造）変動費の原価標準50円をあらかじめ設定する。原価管理は月次管理なので，1カ月の生産活動の後，ある月の完成品数量100個の場合，標準変動製造原価は5,000円となる。

　標準原価計算の利点はおもに2つある。第1の利点は，有効な原価管理ができることである。標準原価計算に基づく原価管理では，あらかじめ算定した標準原価の範囲内に原価を維持することを目指すとともに，標準原価と実際原価との差額である原価差異（＝標準原価－実際原価）を計算し，差異が生じた原因を分析し，分析結果に基づき，改善活動につなげる。実際原価が標準原価を上回れば，目標未達の状況であり，原価差異の符号はマイナスとなり，不利差異と呼ぶ。逆に，実際原価が標準原価を下回れば，目標達成の状況であり，原価差異の符号はプラスとなり，有利差異と呼ぶ。

　具体的には，標準原価計算では以下のようなPDCA（Plan-Do-Check-Action）

サイクルを回し，原価を管理する。計画（Plan）段階では，原価標準（製品1単位あたりの標準原価）を設定する。先ほどのアタックの例では，原価標準は50円であった。実行（Do）段階では，この計画に基づき生産をおこない，実際原価を算定し，ある月の製品1単位あたりの実際原価は，原料費25円，材料費35円の合計60円であった。評価（Check）段階では，標準原価と実際原価の原価差異を計算し，差異の原因分析をおこなう。アタックの例では，製品1単位あたりの原価差異は原料費，材料費ともに5円の不利差異で，合計10円の不利差異である。原因分析では，経理パーソンと工場現場の従業員とのコミュニケーションが重要になる（詳細は2-8節）。改善（Action）段階では，分析結果に基づき改善活動につなげる（詳細は2-9節）。花王では原価検討会（詳細は2-10節）がそのための重要な場となっている。

　第2の利点は，記帳の迅速化・簡略化を実現できることである。記帳とは総勘定元帳などの帳簿に記入することであり，原価計算では完成品勘定や仕掛品勘定の金額の算定が，特に重要である。標準原価計算では，原価標準があらかじめ設定されているので，原材料費や労務費などの実際発生額が計算されていなくても，完成品や仕掛品の数量さえ確定すれば，当月の標準原価を算定できる。そのうえで，四半期末または年度末に標準原価と実際原価の原価差異を会計処理すればよいため，記帳の迅速化・簡略化を実現できる。

　標準原価計算における原価差異の会計処理は，一般的には，つぎのようにおこなう。正常な原価差異（災害や事故などの異常な原因による費用や損失は，非原価）は，原則として四半期末または年度末に売上原価に全額を追加（賦課）する。適切な原価標準が設定されていれば原価差異は少額になるため，こうした処理で問題はない。一方，比較的多額な原価差異が生じた場合は，原価差異を売上原価と棚卸資産（完成品，仕掛品，原材料）に配賦する。花王における原価差異調整は，月次および四半期ごとに原価差異のすべてを売上原価と在庫に按分している。

　最後に，標準原価計算の1年間のプロセスをまとめておこう。まず，年度開

始までに製品1単位あたりの原価標準を設定する。花王では年度内は変動費の原価標準を基本的には改訂せず，固定費は各費目の年度予算を総額で策定する。つぎに，1カ月ごとの原価計算期間において，完成品や仕掛品の標準原価を算定し，実際原価との差異を計算・分析する。花王では原価管理のための標準原価差異分析の期間も1カ月となっている。最後に，四半期末または年度末に原価差異の会計処理をおこなう。

さらに深く学びたい人のために

●櫻井通晴（2014）『原価計算』同文舘出版。
　　　原価計算の体系的かつ網羅的な教科書である。
●小沢浩（2008）『詳解　コストマネジメント』同文舘出版。
　　　生産管理の知識を踏まえた原価管理の教科書である。標準原価計算に基づく標準原価管理についても詳しく説明されている。
●清水孝（2017）『原価計算〔改訂版〕』税務経理協会。
　　　企業の実際の生産活動と原価計算実務を踏まえた原価計算の入門者向けの教科書である。標準原価計算の基本を学べる。
●清水孝（2014）『現場で使える原価計算』中央経済社。
　　　日本企業ではどのような原価計算が実施されているのかについて，質問票調査を踏まえた実態を知ることができる教科書である。標準原価計算についても詳しく説明されている。
●廣本敏郎・挽文子（2015）『原価計算論〔第3版〕』中央経済社。
　　　日本を代表する原価計算の教科書である。原価計算全般について詳しい。
●吉田栄介・福島一矩・妹尾剛好（2012）『日本的管理会計の探究』中央経済社。
　　　日本企業を対象とした管理会計手法・情報の利用に関する調査と実証研究がまとめられた研究書である。標準原価管理を含むコストマネジメント手法の利用実態やその効果などについても解説されている。

第2章　工場経理

2-5

直接原価計算

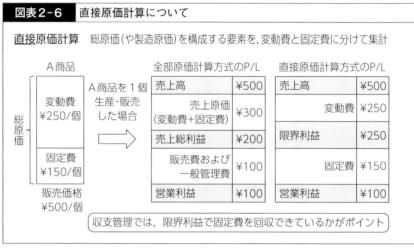

| 図表2-6 | 直接原価計算について |

直接原価計算 総原価(や製造原価)を構成する要素を,変動費と固定費に分けて集計

A商品

| 総原価 | 変動費 ¥250/個 |
| | 固定費 ¥150/個 |

販売価格 ¥500/個

A商品を1個 生産・販売 した場合 ⇒

全部原価計算方式のP/L

売上高	¥500
売上原価 (変動費+固定費)	¥300
売上総利益	¥200
販売費および 一般管理費	¥100
営業利益	¥100

直接原価計算方式のP/L

売上高	¥500
変動費	¥250
限界利益	¥250
固定費	¥150
営業利益	¥100

収支管理では,限界利益で固定費を回収できているかがポイント

〈出所〉花王株式会社

　花王では,工場や本社の利益計算のため,直接原価計算をおこなっている。すでに2-2節で説明したように,集計する原価範囲との関係で原価計算を分類すると,全部原価計算と部分原価計算とに分けられる。全部原価計算は,製品の製造に関連して生じるすべての原価を製品原価として集計するのに対して,部分原価計算は,製造原価の一部のみを製品原価として集計する原価計算手法である。部分原価計算の代表例が直接原価計算であり,原価を変動費と固定費に分類したうえで,別々に集計する。

　A商品アタックを例に,全部原価計算と直接原価計算の計算構造の違いを理解しよう(**図表2-6**)。A商品アタック1個あたりの総原価400円(製造原価300円(変動費250円,固定費50円),販売費および一般管理費(固定費のみ)100円),販売価格500円で,当期の生産・販売数は1個とする。

　全部原価計算方式の損益計算書（P/L：Profit and Loss Statement）を見ると，まず，売上高500円から売上原価300円を差し引き，売上総利益200円を計上している。これは変動費と固定費を区別せずに，すべての製造原価を売上原価として集計する方法で，財務会計目的にも利用される。つぎに，売上総利益200円から販売費および一般管理費（以下，販管費）100円を差し引き，営業利益100円を計上している。

　一方，直接原価計算方式の損益計算書を見ると，まず，売上高500円から変動費250円を差し引き，限界利益250円を計上している。この変動費には，変動売上原価（変動製造原価）と変動販管費（販管費のうち売上に比例して増加する原価）が含まれる。なお，限界利益は固定費の回収や営業利益の獲得に寄与することから貢献利益とも呼ばれる。つぎに，限界利益250円から固定費150円を差し引き，営業利益100円を計上する。この固定費には，固定製造原価と固定販管費が含まれる。

　このように，原価項目を，全部原価計算では製造原価と販管費とに区分するのに対して，直接原価計算では営業量（売上高や生産量など）との関連で変動費と固定費とに区分することが，一般的な特徴といえる。つまり，**図表2-6**には示されていないが，直接原価計算における製品原価は変動製造原価のみを集計し，固定製造原価は期間原価として計上される。なお，販管費は，全部原価計算と直接原価計算のどちらでも，変動費・固定費ともに期間原価となる。

　直接原価計算では変動費と固定費の分解（固変分解）が重要である。花王では各原価の勘定科目（原価項目）ごとに，変動費か固定費かを判断する勘定科目精査法を用いている。例えば，原料費，材料費，製造委託費は変動費になる一方，労務費，償却費，経費，販管費は固定費となる。

　直接原価計算の利点はおもに2つある。第1の利点は，売上高の増減に応じて営業利益が変動することである。**図表2-6**では単純化しているが，全部原価計算では期末製品や仕掛品（花王では仕掛品は認識せず，「原料戻し」（詳細は

54

前々節))に固定製造原価が含まれるため，生産量が販売量を上回る場合には，当期に発生した製造固定費（固定製造原価）の一部を，次期に繰り越すことになる。そのため，売上や在庫水準を考慮せずに不必要に生産量を増やしても，計算上は当期の固定費負担が減ることになり，当期の営業利益数値があがる。これは全部原価計算の逆機能といわれ，全部原価計算では売上高と営業利益とが連動するとは限らない。

　一方の直接原価計算では，固定製造原価は当期の期間原価として計上されるため，不必要に作りすぎれば製造原価はあがり，営業利益は売上高の増減に応じて変動する。つまり，売上高の増加を伴う生産高の増加でなければ，営業利益が増えることはない。商品特性ゆえに多品種生産の特徴をもつ花王では，作りすぎや過剰在庫は重要な経営課題であり，こうした管理会計目的には全部原価計算よりも直接原価計算のほうが適合的である。

　第2の利点は，CVP（Cost-Volume-Profit）関係を明示できることである。原価を変動費と固定費に分類することで，原価と売上高（生産量），利益の関係性を見ることができる。例えば，CVP分析や損益分岐点（売上高と総原価が同じ金額となり，利益額がゼロとなる点）分析，CVP関係の感度分析（販売価格・量，変動費率，固定費のどの程度の変化が営業利益にどの程度の影響をおよぼすのかの分析）などを可能にする。そのため一般に，こうしたCVP関係の分析は，単・複数年度の利益計画の立案・決定や新商品企画における損益予測，月次実績の分析・評価などの目的で，広く利用されている。つまり，利益管理目的にも，全部原価計算よりも直接原価計算のほうが適合的である。なお，花王では，新製品の開発段階，ブランドや事業の損益管理においてCVP分析を活用している。

　ただし，直接原価計算は現在のところ財務会計目的に用いることは認められていない。直接原価計算では変動費と固定費の分解が実務的には難しいため，各社各様の分類では制度会計に採用することは難しく，全部原価計算には，継続企業の前提（going concern）のもと，会計期間ごとの損益を簡便に計算できるメリットもある。「異なる目的には異なる原価を」といわれるように，原価

計算手法それぞれの特徴を正しく理解して，目的に応じた使い分けが必要である。

　この点に関して，花王では管理会計目的の直接原価計算の営業利益を，財務会計目的の全部原価計算の営業利益に一致させるように工夫している。直接原価計算と全部原価計算の営業利益の違いは，期末製品に含まれる製造固定費の額である。花王では月次もしくは四半期で，この固定費調整を実施することによって，直接原価計算と全部原価計算の営業利益を一致させている。このように，花王では財務会計と管理会計の数値を一致（財管一致）させることを目指している。

　なお，前節で説明したとおり，花王は標準原価計算もおこなっており，この2つの原価計算を統合した直接標準原価計算（詳細は次節）を実施している。

さらに深く学びたい人のために

◉上埜進編著（2017）『工業簿記・原価計算の基礎：理論と計算〔第4版〕』税務経理協会。
　　記帳の解説や練習問題も豊富な工業簿記と原価計算の教科書である。全部原価計算の逆機能にも詳しい。
◉山本浩二・小倉昇・尾畑裕・小菅正伸・中村博之（2015）『スタンダードテキスト管理会計論〔第2版〕』中央経済社。
◉小林啓孝・伊藤嘉博・清水孝・長谷川惠一（2017）『スタンダード管理会計〔第2版〕』東洋経済新報社。
　　以上の2冊は，日本を代表する管理会計の教科書のひとつである。直接原価計算やCVP分析にも詳しい。
◉高橋賢（2008）『直接原価計算論発達史：米国における史的展開と歴史的意義』中央経済社。
　　米国における直接原価計算の生成・発展から現代における有用性について学べる研究書である。

2-6 予算管理(1)：
直接標準原価計算 ― 概要

図表2-7	予算業務の流れ／スケジュール

◆変動費
・毎月の予実差異を見ながら，適切な原単位を設定する。

◆固定費
・毎月の予実差異や次年度の状況から，労務費・償却費・経費の総額を確定させる。
・総額を各製造部門別に按分（固定費配賦）した金額を，次年度生産数量で除算し，各製品原価へ落とし込む。

変動費&固定費の計算が終了すると，次年度の全部原価が確定する。

【予算スケジュール】

	6月	7月	8月	9月	10月	11月
変動費					原価確定	
労務費				総額確定	原価確定	
償却費		総額確定			原価確定	
経　費		総額確定			原価確定	

〈出所〉花王株式会社

　予算管理も，工場経理部門の重要な業務である。ここでは，工場における予算管理なので，一般的には，材料費・労務費・経費について原価計算に基づく原価管理を実施する。直接原価計算を実施している花王では，原材料費を変動費として，労務費および減価償却費，経費を固定費として区分し，予算を策定・管理している。また，花王は標準原価計算を実施しているため，1年間の利益計画をたてるときに，目標利益に加えて，目標原価算定の基礎となる原価標準を設定し，予算管理を実施している（**図表2-7**）。

　予算策定および原価標準の設定は，今年度の月次の差異分析や次年度の状況

予測をもとに，入念な情報収集や議論を経て，決定される。予算管理では，向こう1年間の利益計画をたてるためのベンチマークとなる原価標準を設定して，PDCA（Plan-Do-Check-Action）サイクルを回していく。そのため不適切な原価標準を設定してしまうと，毎月の予実管理（予算と実績の差異に基づく管理）で差異の把握が困難になり，公表計画値の達成に支障をきたす恐れがある。加えて，各製品の売価や目標利益の決定は，各工場で算定された標準原価がベースとなるため，原価標準の設定は，販売戦略のうえでも重要である。予算策定および原価標準の設定は，まさに，花王の原価管理の根幹を支える非常に重要な業務なのである。

　予算策定および原価標準設定のスケジュールを見てみよう。12月決算の花王では，1月から新年度予算の執行が始まるため，工場の予算策定作業は，6月もしくは7月頃から始まる。固定費については，労務費，償却費，経費ごとの総額を決定（減価償却費と経費は7月頃，労務費は9月頃）したうえで，その総額を各製造部門別に配賦し，さらに次年度生産数量で除算することで，各製品原価へ落とし込む。変動費については，原材料費が中心となるため，毎月の予実差異を見ながら，9月から10月頃にかけて適切な原単位（生産物1単位あたりの原価財の使用量）を設定する。こうして固定費と変動費の予算が確定すると，10月頃に次年度の全部原価の予算が確定する。このように次年度の予算および原価標準は，約4カ月もの期間をかけた入念な検討の末，ようやく決定される。

　　　　　　　　　　　　花王の特徴的な取り組みとして，一般的な「間接費の配賦計算」ではなく「固定費の配賦計算」を実践している。花王では古くから直接原価計算を実施しており，固定費・変動費という区分に工場でもなじみがあることから，直接費・間接費という区分を避けてきたと考えられる。他の会社でも，各社の歴史や現場の理解容易性，費用対効果などから，原価計算基準や教科書の基本形からアレンジした形で原価計算を実施している企業は少なくない。

58

　このように花王では，原価要素を直接原価計算の区分に分類したうえで，目標原価算定の基礎となる原価標準を設定して予算管理していることから，「直接標準原価計算」に基づく原価管理（予算管理）を実施しているといえる。花王では1962年に全社的に直接原価計算を導入しているが，その当時は全工場で標準原価計算を実施していたわけではなかった。直接原価計算の導入後に数年をかけて，全社的な直接標準原価計算の仕組みが確立されていくことになる。

　一般的に，利益計画の策定・管理に有用とされる直接原価計算と，原価管理に有用とされる標準原価計算を「直接標準原価計算」として統合することで，利益管理と原価管理が結びついた優れたコストマネジメントをおこなうことができる。また，工場現場のマネジャーにとっても，固定費は管理不能費であることが多いため，一般的な直接費・間接費区分に基づく標準原価管理よりも，固定費・変動費区分に基づく標準原価管理において変動費を重点管理するほうが，コスト低減の取り組みが結果に結びつきやすく，業績評価に対する納得感も高まり，原価意識の醸成にも役立つ。

　ただし，日本企業を対象にした調査によると，「直接標準原価計算」を実施している企業は少ない。直接原価計算と標準原価計算自体は，製造業・非製造業ともに，業種を問わず，多くの企業で導入されている原価計算手法ではあるが，両計算手法を導入している企業でも，それらを統合せずに，異なる場所や利用目的，局面で利用していることもある。さまざまな理由が想定されるが，例えば，固定費調整（直接原価計算のような部分原価計算は外部報告目的にそのまま用いることは認められておらず，期末に全部原価計算との営業利益のズレを調整）の手間や困難性から，直接原価計算を外部報告目的にも利用する標準原価計算と統合することを避ける企業もある。

さらに深く学びたい人のために

◉高橋賢（2012）「原価・収益計算としての直接原価計算の再検討」『横浜経営研究』（横浜国立大学）32（3‐4），23-35頁。

　　直接原価計算の現代的意義を考察した論文である。「直接標準原価計算」の意義についても議論している。

◉岡本清（1969）『米国標準原価計算発達史』白桃書房。

　　標準原価計算の歴史を分析した研究書である。「直接標準原価計算」の登場背景や意義についても考察している。

◉櫻井通晴（2019）『管理会計〔第7版〕』同文舘出版。

　　日本を代表する教科書のひとつである。直接標準原価計算にも詳しい。

◉吉田栄介・岩澤佳太（2018）「日本企業の管理会計利用実態：近年10年の実態調査研究の文献サーベイを中心として⑴⑵」『三田商学研究』（慶應義塾大学）61⑷⑸，29-45頁，31-45頁。

　　近年10年間で実施された管理会計手法・情報に関する実態調査をすべてまとめた論文である。各管理会計手法がどのような組織でどの程度実施されているのか，その利用実態がわかる。

◉川野克典（2014）「日本企業の管理会計・原価計算の現状と課題」『商学研究』（日本大学）30，55-86頁。

　　日本企業における管理会計・原価計算の実態調査の論文である。「直接標準原価計算」を実施する企業が少数であることを示している。

◉廣本敏郎・挽文子（2015）『原価計算論〔第3版〕』中央経済社。

　　日本を代表する原価計算の教科書である。本節に限らず，原価計算全般について詳しい。

◉岡本清（2000）『原価計算〔六訂版〕』国元書房。

　　日本を代表する原価計算の教科書である。本節に限らず，原価計算全般について詳しい。

2-7 予算管理⑵： 直接標準原価計算 ― 配賦基準

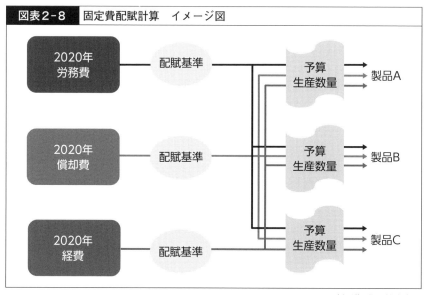

| 図表2-8 | 固定費配賦計算　イメージ図 |

〈出所〉花王株式会社

　固定費の配賦について説明しよう。固定費の配賦は，生産実態を製品原価計算に反映させるうえで，経理部門の工夫が特に求められる業務である。花王では，工場内の発生原価は固定費と変動費に分けて計算している（詳細は1-5節，1-6節）。そのうち，製品との直接的な関係が想定しにくい固定費に関しては，適切な基準を設けて各製品に配賦していく必要がある。具体的には，各費目に応じて，工数比や機械時間比，電気使用量，排水量など，最適と思われる異なる基準を用いて配賦する。こうした配賦基準のメンテナンスは経理部門が主管するため，配賦基準に関する情報を収集し，その妥当性を検証・管理することが求められる（**図表2-8**）。

図表2-9	配賦基準について

配賦基準とは…
固定費を各製造部門（製品グループ）に按分する際に元となる比率のこと

〈例〉間接部門の労務費の配賦基準…**マンアワー比率**
→従業員に対して，各部門にどれだけ自分の労力をかけているのか（＝マンアワー）ヒアリング。マンアワーを部門別に集計し，その比率で労務費を配賦。

●マンアワー集計

	Aさん	Bさん	Cさん	合計
液体洗剤G	0.4	0.5	0.6	1.5
オーラルケアG	0.3	0	0.3	0.6
ホームケアG	0.3	0.5	0.1	0.9
合計	1	1	1	

労務費 3,000万円

→ 液体洗剤G 1,500万円
→ オーラルケアG 600万円
→ ホームケアG 900万円

※基本的に配賦基準は経理がメンテナンス

〈出所〉花王株式会社

　例えば，工場の総務部などの間接部門（補助部門）で発生した労務費は，「マンアワー比率」を用いて配賦している。マンアワー（man hour：作業時間数）とは，工場の従業員が各製造G（グループ）にどれくらいの労力をかけているのかを表した係数である。**図表2-9**の例では，ある補助部門員の従業員Aさんは自分の労働全体を1としたときに，液体洗剤Gに0.4，オーラルケアGに0.3，ホームケアGに0.3の割合で，各製品に関する仕事をしている。同様に，同補助部門の全従業員分の各製品に関する労働時間を算定し，合計することで，同補助部門のマンアワー比率（液体洗剤G 1.5：オーラルケアG 0.6：ホームケアG 0.9）が得られる。こうして得られたマンアワー比率をもとに，同補助部門で発生した労務費3,000万円を，各製品グループに配賦する（液体洗剤Gに1,500万円，オーラルケアGに600万円，ホームケアGに900万円）。

　このマンアワー比率は，経理部門が，予算策定時に工場の間接部門員にヒアリング調査をして，決定する。基本的には，年間を通じて同じ係数で配賦され，毎年，新たなマンアワー比率が設定される。

62

このように固定費の配賦計算は、工場現場との活発なコミュニケーションを経て実施される。もし不適切な配賦基準を設定すれば、実態とは大きく異なる製品原価が算定されてしまい、商品戦略や製品価格の決定などの重要な意思決定を誤った方向に導いてしまうことになる。そのため、工場の生産実態をできるだけ正確に反映させた原価計算が求められており、工場内での他部門とのコミュニケーションは必須である。

 花王のマンアワー比率を用いた配賦計算は、活動基準原価計算（Activity-Based Costing、以下、ABC）の発想を援用している。ABCとは製造間接費の配賦を精緻におこなうことで原価情報の正確性の向上を意図した先進的な原価計算手法であり、その特徴は工場内での「活動」に着目する点にある。活動が原価を費消し、製品が活動を費消するという発想のもと、各活動に原価を割り当て、各製品に対して、活動との関連に応じて、間接費を配分していく。

しかしながら、精緻で正確性の高いABCを導入する企業は少なく、その計算方法にも実践的な課題が指摘される。第1に、集計の手間やコストである。各活動に関する詳細なデータを集計し、実績値をモニタリングし続けることは、多くの手間やコストがかかり、現場の負担も大きい。第2に、「活動」やコストドライバー（cost drivers：製造間接費を活動に割り当て、製品に活動を割り当てる測定尺度）の設定の困難性である。ABCでは、原価の発生や変動と関連づけて「活動」やコストドライバーを特定する必要があるが、必ずしも製造業務に精通していない経理部門の知見だけでは難しい。また、細かく設定するほど原価情報の正確性が向上するわけではなく、行きすぎた細分化が、かえって多くのエラーを発生させる可能性も指摘されている。

これらの課題に対して、花王の配賦計算は、現場の活動実態を写実的に反映させるというABCの発想を取り入れつつも、簡便的なマンアワー比率という尺度を用いることで対応している。第1の集計の手間とコストという課題に対しては、年度ごとに係数を固定することで対応している。もちろん予算策定時

には綿密な検討を必要とするが，一度決めた係数は基本的に年度を通して利用するため，大きな手間やコストはかからない。第2の適切な設定の困難性という課題に対しては，現場の各部門の「全体的な感覚」で配賦基準を設定することで対応している。つまり，補助部門の諸活動を細かく分解しすぎるのではなく，部門内での労力を現場の感覚に基づき集計したマンアワー比率として係数化することで，十分に実態を反映した配賦計算となっている。もちろん，厳密にストップウォッチで労働時間を計測すれば，従業員申告に基づくマンアワー比率とは異なる数値がでるかもしれないが，費用対効果と現場の納得感の観点から，実践的な優れた判断だといえよう。

第2章　工場経理

さらに深く学びたい人のために

◉Kaplan, R.S. and Cooper, R.（1998）*Cost and Effect: Using Integrated Cost System to Drive Profitability and Performance,* Harvard Business School Press.（櫻井通晴監訳（1998）『コスト戦略と業績管理の統合システム』ダイヤモンド社）

ABCを提唱したKaplan教授とCooper教授による上級者向けの教科書である。
◉片岡洋人（2011）『製品原価計算論』森山書店。

経営実態を正確に反映した原価計算の設計に関して，分析・検討している研究書である。同分野の研究の知見を学ぶことができる。
◉林總（2018）『「原価計算」しているのに，なぜ「儲け」が出ないのか？：コストを見える化する「ABC」入門』日本実業出版社。

ABCの導入を通じて原価計算を改善することで，正しい経営判断ができるようになる過程を，ストーリー形式で学ぶことのできる入門書である。

2-8
原価管理⑴：標準原価差異分析

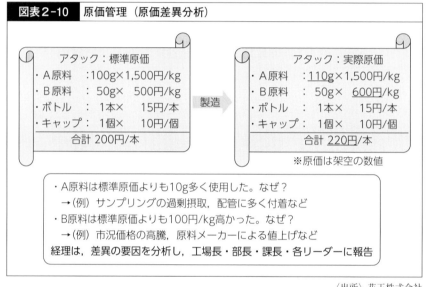

図表2-10　原価管理（原価差異分析）

アタック：標準原価
- A原料　：100g×1,500円/kg
- B原料　：50g×　500円/kg
- ボトル　：1本×　　15円/本
- キャップ：1個×　　10円/個

合計 200円/本

製造

アタック：実際原価
- A原料　：<u>110g</u>×1,500円/kg
- B原料　：50g×　<u>600円/kg</u>
- ボトル　：1本×　　15円/本
- キャップ：1個×　　10円/個

合計 <u>220円/本</u>

※原価は架空の数値

- A原料は標準原価よりも10g多く使用した。なぜ？
  →（例）サンプリングの過剰摂取，配管に多く付着など
- B原料は標準原価よりも100円/kg高かった。なぜ？
  →（例）市況価格の高騰，原料メーカーによる値上げなど

経理は，差異の要因を分析し，工場長・部長・課長・各リーダーに報告

〈出所〉花王株式会社

　標準原価計算に基づく原価管理のPDCA（Plan-Do-Check-Action）サイクルのうち，Checkに相当する標準原価差異分析について説明しよう（標準原価計算の概要の詳細は2-4節）。一般的な教科書では，標準原価差異分析は，製造原価を原価要素（直接材料費，直接労務費，製造間接費）に区分し，直接費については価格と消費量に分けて標準と実績とを比較し，製造間接費については固定費を含むことから予算とも比較し，標準原価と実際原価との間で生じる原価差異を把握・分析することと説明される。

　標準原価差異の分析は，価格と消費量の2つの要素に分けられる（2次元で表示できることは視覚的にも理解しやすい）直接費の分析に向いているが，実際

には，標準原価計算を実施している日本の大企業の過半数が，製造間接費の原価差異分析も実施している。

〈直接材料費差異の計算〉

直接材料費差異＝標準直接材料費－実際直接材料費

＝価格差異＋数量差異

価格差異＝(標準価格－実際価格)×実際消費量

数量差異＝標準価格×(標準消費量－実際消費量)

〈直接労務費差異の計算〉

直接労務費差異＝標準直接労務費－実際直接労務費

＝賃率差異＋作業時間差異

賃率差異＝(標準賃率－実際賃率)×実際作業時間

作業時間差異＝標準賃率×(標準作業時間－実際作業時間)

　花王では直接標準原価計算を実施しており，製造原価を構成する原価要素を変動費と固定費に分け，予算目標値として標準原価を設定し，工程別に変動費・固定費ごとの予実管理（標準原価管理）をおこなっている。原価要素別に見ると，製品ごとに原価標準を設定するのは，原材料費などの変動費のみであり，固定費に分類される労務費などは，総額を予算管理している。

　アタックの例を見てみよう（**図表2-10**）。アタック1本あたりの標準原価200円に対して，ある月の実際原価は220円であり，20円の不利差異が発生している。この不利差異はA原料を標準（1本あたりの消費量）よりも10g多く使用していることと，B原料を標準（1kgあたりの価格）よりも100円高く仕入れたことに起因している。A原料のように消費量に起因する差異を「数量差異」，B原料のように材料価格に起因する差異を「価格差異」とよぶ。このように使用材料ごとに，消費量と材料単価に分けて原価差異を分析することで，予実差

（原価差異）が生じた際に，発生原因を探るべきポイントが明確になる。

　もちろん工場経理部門だけでは，原価差異の発生原因を特定することは難しい。そのため原価差異分析の結果は，工場長や各部門の部長，課長，各リーダーなどに報告し，対応を検討していくことになる。

　例えば，A原料の消費量超過の原因としては，サンプリングを多くとりすぎたことや，生産工程で配管に多く付着したままになっていたことなど，B原料の購入価格の超過は，市場価格の高騰やサプライヤーによる値上げなどが考えられる。

　花王の標準原価計算に基づく原価管理は，花王独自のユニークなマネジメントというよりは，まさに，標準原価計算・管理の王道を愚直におこなっているといえよう。

　学術的には，少品種大量生産時代のモノづくりに適合的な原価管理手法として20世紀のはじめに登場した標準原価管理の有用性の低下も指摘される。その要因のひとつは，顧客ニーズの多様化や技術革新にともなう多品種少量生産と製品ライフサイクルの短縮化である。製品種が増え，製品種ごとの生産量が減り，製造期間も短くなると，標準原価を設定する手間が増える割には，PDCAマネジメントの成果が出にくくなる。また，標準原価の設定時には予期していなかった環境変化をもたらす不確実性の増加は，標準原価の基準や目標値としての役割を低下させる。ほかには，CIM（Computer Integrated Manufacturing）化やFA（Factory Automation）化，IoT（Internet of Things）などと呼ばれる機械化，コンピュータ化の進展である。機械やコンピュータ制御のロボット，遠隔操作などにより，直接工が減少すると直接労務費が減り，製造間接費が増加する。そのため，一般に直接費の管理を得意とする標準原価計算の原価差異分析の有用性が低下する。

　こうした議論もあるなかで，花王のように標準原価計算を極めて有効に活用している企業があることは興味深い。日本企業に対する実態調査からも，標準原価計算は多くの企業で採用されており，その満足度も高いことが確認されて

いる。日本企業としては非常に早い時期から50年以上も継続して標準原価計算を実施してきた花王では，本来は難しい新製品の標準原価の算定においても，類似製品の実績をベースに，製造工程や使用設備，必要な人員を見積もることで，適切な標準を設定することに成功している。

さらに深く学びたい人のために

●谷武幸（2013）『エッセンシャル管理会計〔第3版〕』中央経済社。
　　本書で繰り返し登場する「PDCAサイクルを回す」という基本原則をもとに，管理会計の体系を解説した教科書である。花王では実施していなかった労務費や製造間接費の原価差異分析にも詳しい。
●吉田栄介・福島一矩・妹尾剛好・徐智銘（2017）『日本的管理会計の深層』中央経済社。
　　日本企業を対象とした管理会計手法・情報の利用に関する調査と実証研究がまとめられた研究書である。標準原価管理を含むコストマネジメント手法の利用実態やその効果などについても解説されている。
●高橋史安（2014）「製造業原価計算における『レレバンス・ロスト』の解明」『商学研究』（日本大学）30，125-180頁。
　　国内製造業を対象とした原価計算に関する実態調査の結果を報告した論文である。標準原価計算・管理の実態にも詳しい。
●廣本敏郎・挽文子（2015）『原価計算論〔第3版〕』中央経済社。
　　日本を代表する原価計算の教科書である。本節に限らず，原価計算全般について詳しい。
●岡本清（2000）『原価計算〔六訂版〕』国元書房。
　　日本を代表する原価計算の教科書である。本節に限らず，原価計算全般について詳しい。

第2章　工場経理

2-9 原価管理⑵：原価差異分析後

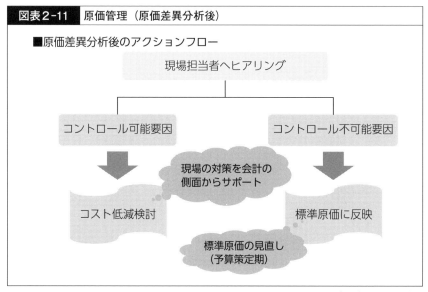

| 図表2-11 | 原価管理（原価差異分析後） |

■原価差異分析後のアクションフロー

〈出所〉花王株式会社

　標準原価計算に基づく原価管理のPDCA（Plan-Do-Check-Action）サイクルのうち，Actionに相当する標準原価差異分析後の対応について説明しよう（**図表2-11**，標準原価計算の詳細は2-4節，前節）。原価差異分析によって差異の発生箇所を特定した後，現場担当者へヒアリングを実施し，現場担当者がコントロール可能な要因かどうかを判断する。

　原価差異の発生原因がコントロール可能であると判断された場合は，コスト低減のための対策が必要となる。基本的には製造部門などの現場担当者が対応策を練ることになるが，工場経理部門は会計の側面からこれをサポートしていくことが求められる。

図表2-12	コスト低減活動例

内容：アタック製造時において，A原料を10g多く使用
原因：配管にA原料が多く残存
対応：配管を改造し，A原料が配管に残らないように対応
　直接的対応：現場担当者…設備対応により，生産に問題がないか確認
　　　　　　　設備G…配管工事の依頼を工事担当者へ依頼
　間接的対応：経理G…**現状のコスト計算**（A原料は**毎月〇〇円の差異発生。年間は？**）
　　　　　　　設備投資によるメリット試算（投資額は何年で回収できる？）

〈出所〉花王株式会社

　一方，原価差異の発生原因がコントロール不能であると判断された場合は，この原価差異を次期の標準原価に反映させる必要がある。例えば，前節のアタックの例では，B原料の購入価格の超過という不利差異が発生していた。この原因として市場価格上昇などが想定され，製造現場では管理できない要因のため，次期の予算策定時期に標準自体を見直していく。

　コスト低減活動の具体例を見てみよう（**図表2-12**）。前節のアタックの例では，製品1本あたりA原料を標準よりも10g多く使用する不利差異が発生していた。その原因について現場担当者からヒアリングした結果，配管内にA原料が想定よりも多く残存していたことが原因であることがわかった。そこで対策として，配管を改造し，A原料が配管に残留することがないように対応した。
　この際に，製造現場の担当者は，設備の改造により，生産に問題がないかを確認し，設備グループの担当者は，配管工事を工事担当者に依頼する。こうした原価差異原因への直接的対応とともに，経理部門は間接的対応として，そうした現場担当者の意思決定の費用対効果を算定，提示する。具体的には，現状を維持した場合のA原料の原価を計算し，現状のままだと毎月どれくらいの原価差異が発生し，それが年間ではどの程度になるのかを試算する。加えて，配管改造の設備投資により，どの程度の原価改善が見込まれ，その設備投資は何年で回収できるのかを見積もる。

標準原価計算に基づく原価管理では，こうした原価差異分析後の対応がうまく機能しなければ，コスト低減は望めない。現場担当者の責任区分に対応した工程別・費目別に設定される信頼のおける原価標準に基づき，原価差異分析をすることで，現場担当者の納得感を高め，予算と実績の差異（原価差異）の原因を探る出発点となりうる。

一方，実際原価計算に基づく原価管理では，実際原価の数値を製造現場に報告するだけでは，原価改善活動には直結しない。実際原価は，工場内の原価管理においても重要な情報ではあるが，生産時期の諸条件が反映される結果指標であり，おのずと偶発的な要因によるノイズが入る（原価が変動する）ことも多い。

花王が標準原価計算に基づく原価管理を有効活用できている要因のひとつに，標準原価の考え方が社内に広く浸透している点が挙げられる。ほかの会社では，製造現場の担当者に十分な会計知識がなかったり，設定された標準への信頼が低いために，経理部門が原価差異の原因について説明を求めてもコミュニケーションがうまくいかないことも少なくない。

一方，花王では所属部門や入社年次を問わず，標準原価への理解が浸透し，共通言語・共通指針となっていることが，工場内の円滑なコミュニケーションを促進し，実際原価が標準原価と乖離した際は，工場全体でその原因を探究し，改善のためのアイデアが出てくる。

さらに深く学びたい人のために

◉伊藤嘉博（2001）『コストマネジメント入門』日本経済新聞出版社。
　　コストマネジメントに関する考え方を解説した教科書である。標準原価計算
　　の原価差異分析を含め，多くのコストマネジメント手法について解説してい
　　る。タイトルは入門と銘打っているが，初学者から上級者まで幅広く学ぶこ
　　とができる。
◉加登豊・李建（2011）『ケースブック　コストマネジメント　第2版』新世社。
　　企業の導入事例とともに，さまざまなコストマネジメント手法について解説
　　した教科書である。コストマネジメント活動における各手法の位置づけが体
　　系的に整理されている。
◉廣本敏郎・挽文子（2015）『原価計算論〔第3版〕』中央経済社。
　　日本を代表する原価計算の教科書である。本節に限らず，原価計算全般につ
　　いて詳しい。
◉岡本清（2000）『原価計算〔六訂版〕』国元書房。
　　日本を代表する原価計算の教科書である。本節に限らず，原価計算全般につ
　　いて詳しい。
◉上埜進・杉山善浩・島吉伸・窪田祐一・吉田栄介（2010）『管理会計の基礎〔第4
　　版〕』税務経理協会。
　　管理会計や原価計算の基礎的な教科書である。標準原価計算・管理の基本を
　　学べる。

第2章　工場経理

2-10
原価管理⑶：原価検討会

図表2-13	工場における原価管理活動

【原価検討会とは】

工場における活動状況を数値情報を用いて職制者，生産担当者，設備担当者等に報告し，意思決定や改善活動に繋げていただくことを目的として定例で開催している。

【報告内容】

⑴ 工場損益
⑵ 生産高
⑶ 経費予実算
⑷ 変動費差異の確認，歩留の管理
⑸ 在庫
⑹ 製造委託費
⑺ コスト削減活動の進捗状況
⑻ そのほかのトピックスについて発表

〈出所〉花王株式会社

　工場における原価管理活動のひとつに，原価検討会がある。花王の原価検討会とは，経理部門が会議の主催者となり，工場の生産金額，変動費，固定費，粗利益（売上総利益）が予算金額を達成できるかどうかの進捗を確認し，予算と実績の差異の発生原因を分析し，工場長や各部署の部・課長，グループリーダーに対して報告をおこない，意思決定や改善活動につなげてもらうことを目的に，月次で開催する会議体のことである。

　原価検討会で報告する内容は，工場損益，生産高，経費予実算，変動費差異の確認・歩留の管理，在庫，製造委託費，コスト削減活動（TCR，詳細は次節以降）の進捗状況，そのほかのトピックスなど多岐にわたる（**図表2-13**）。

　以下，各報告内容について説明しよう。

⑴　工場損益は，単月および年度初めからの累計の自工場の限界利益，粗利益

図表2-14			変動費差異の確認，歩留の管理						

●19年6月度標準・理論・実績対比表

品名 コード	品名 略称	単位	実績 使用量	理論 使用量	標準 使用量	標準差異 数量	標準差異 金額	標準 差異率	原因
○○	△△	kg	○○	△△	□□	◇◇	●●	▲▲	配管ロス分
○○	△△	kg	○○	△△	□□	◇◇	●●	▲▲	キジ切替
○○	△△	kg	○○	△△	□□	◇◇	●●	▲▲	タンク残廃棄
○○	△△	枚	○○	△△	□□	◇◇	●●	▲▲	原料収率良好
○○	△△	本	○○	△△	□□	◇◇	●●	▲▲	

変動費差異○万円

差異はどこで発生したのか？
・作ったとき？
・運んだとき？
・充填したとき？

原価検討会での報告
・ロスが出る原因－生産回数，突発的ミス，継続的な原因
⇒歩留をよくするための設備投資，生産場所の変更，歩留の変更

〈出所〉花王株式会社

を整理し，予算および目標に対する進捗状況を報告する。

⑵　生産高は，単月および年度初めからの累計の生産高と生産数量を整理し，おもにどの品目の生産高と生産数量が，予算と前年度に対して大きく増減しているのかを報告する。

⑶　経費予実算は，単月および年度初めからの累計の労務費，償却費，経費の実績を整理し，予算に対する差額（差異）を報告する。実績が予算に対して大きく上回っている場合は，会議参加者で経費抑制策を検討することもある。

⑷　変動費差異の確認・歩留の管理は，単月および年度初めからの累計の原材料，燃料（蒸気・電力・水など）の使用数量を標準原単位（製品1単位あたりの標準使用数量を年に1回設定）と比較し，差額の大きい品目の報告をおこなう（**図表2-14**）。

　ここでは，差異金額の多寡の説明だけに終わらないことが重要である。⑶経費予実算では，予実差異（予算金額と実績金額の差額）の原因は，経費の使いす

図表2-15　在庫数量の管理

在庫金額・日数，順位リスト

No.	ブランド	8月金額	9月金額	増減額	9月生産額	9月出荷額	在庫日数
1	製品A	○○	△△	+□□	◇◇	●●	▲▲
2	製品B	○○	△△	−□□	◇◇	●●	▲▲
3	製品C	○○	△△	−□□	◇◇	●●	▲▲
4	原料A	○○	△△	+□□	◇◇	●●	▲▲
5	材料A	○○	△△	−□□	◇◇	●●	▲▲

・在庫数量が多い製品，原材料の確認
・在庫日数の多い製品，原材料の確認

⇒・廃止商品在庫はないか？
　・使用見込がない原材料はないか？
　・生産数量が不適切ではなかったか？

長期荷動きなしリスト（滞留品会議前）

保管場所名称	製品名称	数量単位	金額	実在庫	滞留期間(ヶ月)	最終荷動月	当月コメント	前月コメント
○○倉庫	△△	kg	□□	◇◇	12	2018/06	2019/07廃棄予定	
○○倉庫	△△	kg	□□	◇◇	12	2018/06	家庭品Gに確認中	
○○倉庫	△△	缶	□□	◇◇	13	2018/05	物流Gに確認中	物流Gに確認中
○○倉庫	△△	本	□□	◇◇	14	2018/04	2019/09廃棄予定	2019/09廃棄予定
○○倉庫	△△	枚	□□	◇◇	24	2017/06	年末迄に他工場転用	年末迄に他工場転用

・長期間荷動きがない製品，原材料の確認（担当者に内容確認とコメントの記載を依頼）

⇒・出荷見込がない品目はないか？
　・使用見込みがない原材料はないか？
　・他工場で転用できる在庫はないか？

〈出所〉花王株式会社

ぎ，予算の見込みの甘さなど比較的わかりやすいことが多い一方，変動費差異は，工場で原料を調達，加工し，ほかの生産エリアに輸送し，充填するまでの多くの工程で発生するため，金額だけを示しても意味がなく，どこでどういう内容の差異が発生したのかがわからなければ議論ができない。そのため，経理部門が変動費の差異原因を適切に把握・報告することではじめて原価検討会で議論できる材料がそろうのである。変動費の差異原因は，生産回数に起因するものや突発的トラブル，繰り返し発生する継続的なものなどさまざまであるが，原因を把握できれば，例えば，ロスや歩留を改善するための設備投資や生産場所の変更，改善が困難な場合には，標準原価に設定されている歩留を変更するといった対応をおこなう。

⑸　在庫は，単月および年度始めからの累計の在庫数量・金額の推移を管理し，前月在庫や目標在庫と比較して大きな差異がないかを報告する。在庫数量は過剰でも過少でも望ましくない。過剰在庫は，会社にとって利益を生み出さない資産を抱えていることを意味し，在庫を保管する倉庫料も膨れ上がることになる。一方の過少在庫は，消費者の需要に対応できず欠品状態に陥る可能性があり，在庫があれば獲得することのできた利益を失うことになる。そのため，毎月の在庫数量と金額を確認し，適正在庫を維持することが求められる（**図表2-15**）。

　　花王で特に課題となるのは，過剰在庫である。花王は多くの製品種を生産しており，製品の切り替え頻度が高い。そのため，新製品の生産によって，旧品が在庫として残ることも珍しくなく，そうした商品特性のために過剰在庫になりやすいリスクを抱えている。

　　そこで，経理側でも，在庫の推移の管理に注意を払い，毎月，**図表2-15**のような形式で現場担当者へ報告，送付している。例えば，「在庫金額・日数，順位リスト」は，在庫金額・日数の増減に応じて，製品，原材料を順位づけした一覧表である。在庫金額・日数に異常のある製品，原材料を一目で把握することができ，廃止商品在庫や使用見込みのない原材料の有無，生産数量の妥当性を検討するのに役立つ。

　　「長期荷動きなしリスト」は，長期間にわたり場内・場外倉庫から出庫されずに留まっている在庫の一覧表である。経理部門から在庫管理担当者に一覧表を送付し，在庫管理担当者に今後の使用予定や，使用予定のない在庫は廃棄，転用の具体的な内容をコメント欄に記載してもらうことで，長期滞留在庫の必要性の判断を仰いでいる。この「長期荷動きなしリスト」は，原価検討会や，その場で在庫管理責任者に廃棄決裁をもらう（滞留品会議と呼ばれる）会議体で活用され，長期間にわたり荷動きのない在庫の処理判断スピードを上げる取り組みをしている。

⑹　製造委託費は，生産効率向上のため，原料仕込みや充填工程などの製造ラインごとに，製造の一部を別会社に委託しており，委託費用の毎月の推移を

76

整理し，委託費を低減できる生産方法の検討や，委託会社間の委託費用を比較し，その妥当性を検討・報告している。

(7) コスト削減活動の進捗状況は，花王のコスト削減活動TCRについて，当年の目標（金額と件数）に対する毎月の削減金額と提案件数の実績値を経理部門が集計し，設定目標に対する進捗状況を報告している。

(8) そのほかのトピックスについての発表は，社内の経理規程の周知やコスト削減提案，工場の課題など，経理部門からのトピックスを報告・提案している。

原価検討会は，工場のマネジャーが一堂に会し，経理部門からも主体的に情報発信や提案をおこなえる絶好の機会である。経理部門が声を上げても現場の関係部門が動かなければ問題の解決や企業の発展にはつながらない。原価検討会を通じて，工場全体が同じ方向を向いて進むことができるように導くことが，経理部門の大切な役割である。

原価検討会は，多くの企業で実施されている。花王でも，工場長をはじめ，部長，課長，グループリーダーが一堂に集まり，大きな意思決定権限をもつ工場長に対して月次の会計報告をおこなうため，何か問題があれば，その場で原因を確認し，対策を検討し，今後の実施計画を決定することができる意思決定のスピードが特徴である。

また，花王の原価検討会は，経理部門が主体的に提案できる好機となっている。経理部門は，日常業務では，関係部門から「こういったことがしたい」という依頼を受け，その事案にかかるコスト試算や社内会計ルールを見直すといった，関係部門主導案に対するサポートとして機能することが多い。

一方，「そのほかのトピックス」では，経理部門が，普段確認している数値から問題点を洗い出し，関係部門に対して改善策を提示する経理部門主導の提案となる。こうした提案が軌道に乗ると，経理部門は定常業務とは違ったおも

しろさを感じることができると同時に，関係部門からの依頼に経理部門が応えるという普段の関係性に加えて，経理部門から現場への矢印がうまれ，双方向のコミュニケーションが活性化することにもつながっている。

さらに深く学びたい人のために

◉門田安弘（1994）『価格競争力をつける原価企画と原価改善の技法』東洋経済新報社。

原価検討会についても紹介されている研究書・専門書である。

第2章 工場経理

2-11 業務革新活動(1)：
TCR ― 歴史と概要

図表2-16	TCRプロジェクト発足の趣旨

~全社発令の前文~

今回，会社の全業務および仕事のやり方の根本的見直しとコンピュータの極限的活用との組み合わせにより，総合的コストリダクションをはかります。この作業を通じて人材の多機能化，組織の簡素化と活性化を実現し，工夫に満ちた会社の運営を目指します。

1986年6月1日

〈出所〉花王株式会社

　花王では，企業文化をベースにした「よきモノづくり」と「絶えざる革新」が一体となった活動として，TCR活動を展開している。

　1986年6月，会社の全業務と仕事のやり方の根本的な見直しを宣言し，TCR活動は始まる（**図表2-16**）。当時の花王の業績が悪化していたわけではなく，連続増収増益を続けているさなかであったが，欧米でのいくつもの企業買収によるグローバル化を目指すなかでの積極的な体質改善の取り組みであったといえよう。

　1986年から続くTCR活動は，経営環境の変化と経営方針に合わせてコンセプトを刷新してきた（**図表2-17**）。1986年の活動開始時点（第1次TCR活動）では，TCRとはTotal Cost Reductionの略称であり，直接的なコストダウンの追求をコンセプトに活動を開始した。その後，第2次では仕事の仕方と仕組みの改革（Total Creative Revolution），第3次では価値を創造する経営革新活動（Value Creating Revolution），第4次では価値創造の連鎖を構築する経営革新活

図表2-17	花王のTCR活動の変遷

経営環境の変化と，経営方針に合わせてコンセプトを刷新

第1次 TCR活動（1986年～）
Total Cost Reduction
直接的なコストダウンの追及

第2次 TCR活動（1990年～）
Total Creative Revolution
仕事の仕方と仕組みの改革

第3次 TCR(VCR)活動（2000～）
Value Creating Revolution
価値を創造する経営革新活動

第4次 TCR活動（2007年～）
Total Chain Revolution-i
価値創造の連鎖を構築する経営革新活動

第5次 TCR活動（2013年～）
Global Transformation for Cost Reduction-S
フラットグローバル

TCR活動の基本

■経営に直接貢献する革新活動

■現場の工夫を盛り込んだ
　全員参加型活動

■全体最適的な革新活動

これら3つの活動を継続的に実施

〈出所〉花王株式会社

動（Total Chain Revolution-i），最新の2013年に始まる第5次TCR活動ではフラットグローバル（Global Transformation for Cost Reduction-S）と，コンセプトを変えながら，TCR活動は継続されてきた。

　一方，TCR活動の基本は変わらず，「経営に直接貢献する革新活動」「現場の工夫を盛り込んだ全員参加型活動」「全体最適的な革新活動」の3つの活動を継続的に実施することにある。

　花王の組織構造はマトリックス構造となっており，その運営形態をマトリックス運営と呼んでいる（**図表2-18**）。一般的な事業部制組織では，各事業が各機能を別々に設置するが，花王のマトリックス運営では，研究，生産，販売，コーポレート（会計財務，人事，法務など）といった各機能は，化粧品，スキン

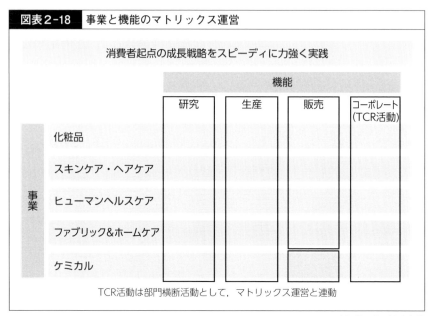

| 図表2-18 | 事業と機能のマトリックス運営 |

消費者起点の成長戦略をスピーディに力強く実践

TCR活動は部門横断活動として，マトリックス運営と連動

〈出所〉花王株式会社

ケア・ヘアケア，ヒューマンヘルスケア，ファブリック＆ホームケア，ケミカルの5つの事業を横断的に業務を担っている。例外的に，ケミカル事業の販売ユニットは独立しているが，ケミカル事業は企業を顧客とする一方，そのほかの事業は消費者を顧客とするコンシューマープロダクツ事業であり，販売業務の特性が大きく異なるためである。

TCR活動も，部門横断的に活動するマトリックス運営である。TCR活動は，機能単独の活動ではなく，ほかの機能との部門横断的な全体最適の視点が求められる。

TCR活動における重要な考え方として，VCR（Value Creating Revolution）がある（図表2-19）。VCRは価値創造のための2つの活動を数式化して表現されており，新しい活動による質（Q）の極大化と，新手法によるコスト（C）の極小化が，価値を創造し，利益ある成長をもたらすという考え方である。

質は，性能・機能・品質向上，使い勝手の向上，環境対応貢献，コストは，

図表2-19	価値を創造する経営革新活動（VCRの考え方）

Value Creating Revolution

〈価値創造のための2つの活動〉

$$VCR = \frac{Q}{C} \quad \begin{array}{l} \text{新しい活動による}\underline{質}\text{の極大化} \\ \text{新手法による}\underline{コスト}\text{の極小化} \end{array}$$

価値の創造（向上）の追求
⇒質（Q）の向上と効率化（C）の同時推進

利益ある成長

〈出所〉花王株式会社

配合原料削減，生産効率向上，材料削減（形状変更，樹脂量減少），物流コスト減（積載効率向上）といった施策の実施により，「質」と「コスト」の同時改善を目指す。

　VCRが表記されたのは，2000年から始まった第3次TCR活動をVCRと読み替えたときであるが，VCR活動の原点は，1987年発売の衣料用粉末洗剤「アタック」の開発にまで遡る（**図表2-20**）。当時，洗浄力の飛躍的向上をもたらしたバイオ酵素「アルカリセルラーゼ」の開発を機に，コンパクト化のための製造技術の進展に加え，従来型製品から容量を4分の1にすることにも成功し，「スプーン1杯で驚きの白さに」を標榜する「アタック」が発売された。その後も，洗浄力を強化する一方で，1回あたりの使用量を減らし，包装材料の軽量化も進めるなど，20回以上の改良を重ねながら，今日に至っている。

82

| 図表2-20 | 衣料用粉末洗剤「アタック」の変遷 |

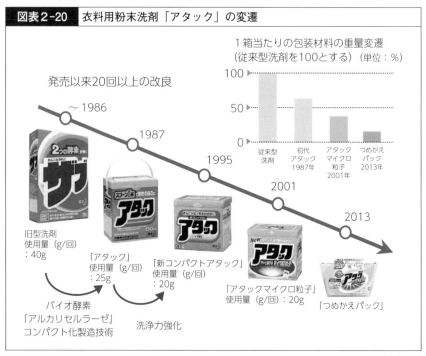

〈出所〉花王株式会社

ココが
すごい！

　TCR活動には，高度経済成長期以降，日本企業で広く実践されてきた小集団活動とは異なる特徴がある。

　第1に，生産部門以外の機能部門も活動の中心となることである。小集団活動は通常，生産部門を対象に実施されることが多く，ほかの機能部門が参画することも少ない生産部門の自己完結的な活動といえる。それに対して，TCR活動はもともと生産部門以外のコスト低減を意図していたこともあり，生産部門以外の機能でも盛んにおこなわれる活動である。

　第2に，部門横断的な活動である。通常の小集団活動は部門内の自己完結的な活動であることが多いのに対して，TCR活動は，第1次活動の頃から，単独の部門で完結することなく他部門メンバーとプロジェクトチームを構成する部門横断的な活動であるという組織的特徴がある。

さらに深く学びたい人のために

●挽文子（2007）『管理会計の進化：日本企業に見る進化の過程』森山書店。

●横田絵理・金子晋也（2014）『マネジメント・コントロール：8つのケースから考える人と企業経営の方向性』有斐閣。

　　以上の2冊は，花王のTCR活動についての事例研究が参照できる。

●門田安弘（1994）『価格競争力をつける原価企画と原価改善の技法』東洋経済新報社。

　　原価改善活動を専門的に学べる研究書・専門書である。

●泉谷裕編著（2001）『「利益」が見えれば会社が見える：ムラタ流「情報化マトリックス経営」のすべて』日本経済新聞社。

　　原価計算からキャッシュフロー経営まで，㈱村田製作所の，いまでも全く色あせない経理管理の仕組みの詳細が明かされた経営書である。

2-12
業務革新活動(2)：TCR — 評価

図表2-21	TCR活動の評価（基本ルール１）

◇利益増への貢献活動を対前年比較で評価
　⇒評価は活動開始から１年間のみ（決算の利益分析に反映）
　　・新しい提案を絶えず発掘（絶えざる革新，改善の指標）

■既存製品は徹底TCR活動を継続
　　・原材料，処方，包装容器，生産効率等の見直し

■新製品は，TCR活動評価の対象外（初年度）
　⇒発売1年以降のカイゼン活動を評価
　　・新製品は翌年のTCR活動テーマ
　　・次回改良時の活動テーマ

〈出所〉花王株式会社

　TCR活動の評価は，前年度と比較した１年間の利益改善額に基づいておこなわれる（**図表2-21**）。新しい提案を絶えず発掘するために，あえて１年間に期間を限定し，部分最適なカイゼン活動に陥らないように，コストや納期などではなく，利益改善額を評価指標としている。

　TCR活動の対象は，既存製品であり，原材料，処方，包装容器，生産効率などの見直しにより利益改善を図る。新製品は，前年度との比較ができないためTCR活動評価の対象外となり，発売１年以降のカイゼン活動を評価する。

　TCR活動は単なるコスト低減活動ではなく，知恵や工夫を盛り込んだ活動である（**図表2-22**）。個人にとっては知恵やアイデアを出すことで仕事が楽になることを意図し，組織にとっては，ほかの機能ユニットメンバー（研究，生

図表2-22	TCR活動の評価（基本ルール2）

◇知恵や工夫を盛り込んだ活動
　⇒知恵を出して仕事を楽に，人財の多機能化

例）TCR活動としての評価

　○購入中のメーカーへの交渉で原材料の価格ダウン
　　⇒TCR活動として評価しない（サプライヤーの努力）

　○安価原料を工夫（配合条件等）で使用可能に
　　⇒TCR活動として評価

〈出所〉花王株式会社

産，販売，コーポレート部門など）とプロジェクトチームを構成し，全社的な視点ならびに異なる発想に触れることから，人財の多機能化に向けた貢献も期待できる。

　それでは，どのような知恵や工夫が評価されるのだろうか。例えば，配合条件などを「工夫」することで安価な原材料の使用を可能にしたコスト低減策は，TCR活動として評価される。

　一方，既存の購入先メーカーとの交渉で原材料の価格を下げてもらったというのは，TCR活動として評価されない。なぜならば，そこで得られたコスト低減は購入先メーカー（サプライヤー）の努力によるものであったり，もしかすると，コスト低減を伴わないまま購買力によって購入価格を下げてもらっただけかもしれない。

　こうしたことでは知恵や工夫とはいえない。購買担当者としては，より安価や高品質の原材料を安定的に供給可能な新規取引先を開拓すれば，知恵や工夫といえるため，TCR活動として評価される。

　TCR活動評価の「1年間」についても厳密に規定されている（図表2-23）。というのも，TCR活動は，テーマA2のように，事業年度に合わせて1月に始まり12月に終わることはほとんどない。実際には，テーマA1のように，事業年度の途中（9月）に実施し始めるのが通常である。その場合，活動開始から

86

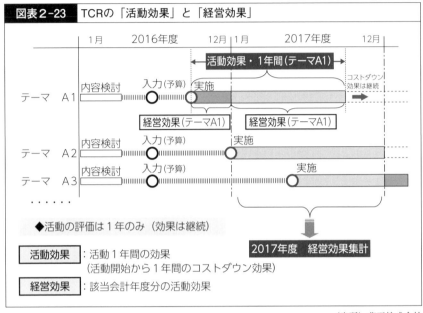

図表2-23 TCRの「活動効果」と「経営効果」

〈出所〉花王株式会社

1年間のTCR活動によるコスト低減額を「活動効果」と呼ぶ。その後もコスト低減効果は継続するものの，当初1年分の「活動効果」のみを，予算として事前に計上する。

　一方，TCR活動の効果を，全社的に事業年度ごとに把握するため，各事業年度（会計年度）のTCR活動効果を集計したものを，その年度の「経営効果」と呼ぶ。

　TCR活動テーマA1であれば，2016年9月から12月分のコスト低減額が2016年度の「経営効果」，2017年1月から8月分のコスト低減額が2017年度の「経営効果」として集計される。

　　　　　TCR活動の評価を業績評価の仕組みとして見たとき
に，3つの特徴がある。

　　　　　第1に，利益改善額を評価指標としている。日本企業
で広く実施されている継続的改善活動では，そのコスト低減効果を必ずしも金
額で把握してはいない。例えば，作業効率や安全性の向上，原価意識の醸成な
どの非財務的定量成果もしくは定性的成果を重視したり，コスト低減効果を金
額で把握したとしても，それを花王のTCR活動のように，全社的に集計したり，
予算管理の仕組みのなかで目標設定されることは稀である。

　　第2に，1年間の効果しか認められない。その後もコスト改善効果は継続す
るにもかかわらず，評価対象として集計されるのは1年分のみというのはユ
ニークな仕組みである。期間を区切ることで，また，つぎの改善提案に取り組
むチャレンジ精神を醸成するための仕掛けとなっていると思われる。

　　第3に，プロジェクト別改善活動と期別改善活動の2つの側面をもっている。
TCR活動は各プロジェクトの効果が「活動効果」として利益改善額を測定・
評価されるとともに，全社的に各事業年度（会計年度）の「経営効果」を集計
している。こうした改善活動の2つのアプローチを統合した取り組みは有益で
ある。

さらに深く学びたい人のために

◉小林啓孝・伊藤嘉博・清水孝・長谷川惠一（2017）『スタンダード管理会計〔第2
　版〕』東洋経済新報社。
　　　日本を代表する管理会計の教科書のひとつである。業績評価にも詳しい。
◉徳丸壮也（1999）『日本的経営の興亡：TQCはわれわれに何をもたらしたのか』ダ
　イヤモンド社。
　　　TQC（Total Quality Control：全社的品質管理活動）の実態と問題点を詳述し
　　た歴史書，専門書である。

88

2-13 業務革新活動⑶：
TCR ― 推進サイクルと事例

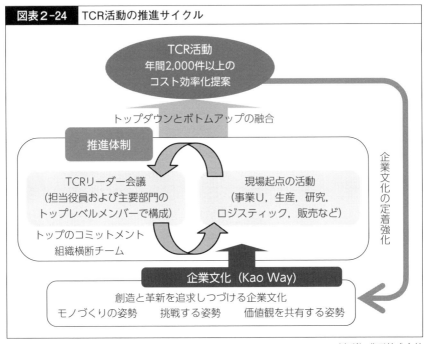

図表2-24 TCR活動の推進サイクル

〈出所〉花王株式会社

　TCR活動の推進体制を見てみると，ボトムアップの活動とトップダウンの全社的視点が融合していることがわかる（**図表2-24**）。TCR活動は，リーダー会議における全体俯瞰を起点としたトップダウン的なテーマおよび現場における着眼点からの提案を起点としたボトムアップ的なテーマからなる。これらのすべての提案が実施されるわけではなく，TCRリーダー会議にて実施に移すかどうかが判断される。TCRリーダー会議は，担当役員，事業本部長，TCRプロジェクト・リーダーなどで構成され，TCR提案が実施されたときのほか

の機能や事業への影響，コスト効率化提案の金額の妥当性などが検討される。こうして，年間2,000件以上の営業利益改善に直結したコスト効率化活動を実施しており，現場からの改善提案が，全社的活動としての整合性を図りながら実践されていることがわかる。

　このTCR活動の推進体制を底辺で支えるのが，企業文化である。TCR活動にはそうした企業文化を社員全員に浸透させる側面もあり，花王ウェイにはTCR活動の精神が反映されている。花王ウェイに示された「よきモノづくり」がモノづくりの姿勢を，「絶えざる革新」が挑戦する姿勢を，花王ウェイ全体が価値観を共有する姿勢を，育んでいる。

　「よきモノづくり」は，メーカーの原点であり，「使命」そのものだといわれる。消費者に喜ばれ，産業界に貢献すること，喜びと満足のある豊かな生活文化に貢献することで，利益ある成長を続けるグローバルで存在感のある会社を目指すものである（**図表2-25**）。

　「絶えざる革新」は，「知恵の泉は涸れることはない」というスローガンのもと，花王のチャレンジ精神を表現する標語といえる。小さな改善も10年続けられれば技術革新（イノベーション）になるという信念のもと，継続的改善活動を実践し続けている。加えて，新機能製品の開発で新たな需要を開拓することも，企業の成長には不可欠である。こうした絶えざる革新をゼロベースかつ全体最適の視点から実践している（**図表2-25**）。

　商品開発を消費者視点（ニーズ），現場起点（シーズ）で実施することも見落とせない。花王のモノづくりの根幹には，商品開発五原則がある。商品開発五原則とは，「1．社会的有用性の原則：真に社会にとって有用な商品であること」「2．創造性の原則：創造的技術・技能が盛り込まれていること」「3．パフォーマンス・バイ・コストの原則：コストパフォーマンスで他社製品より優れていること」「4．調査徹底の原則：徹底した消費者調査に耐えたものであること」「5．流通適合性の原則：流通過程で情報伝達力があること」とされる（**図表2-25**）。

　商品開発五原則に基づくモノづくりのなかで，消費者視点の取り組みは欠か

図表2-25　TCR活動推進のベース

TCR活動は企業価値を高める経営革新活動（業務革新活動）

◆**"よきモノづくり"はメーカーの原点，「使命」そのもの**
・消費者に喜ばれ，産業界に貢献する
・喜びと満足のある豊かな生活文化の実現に貢献する
＊利益ある成長を続けるグローバルで存在感のある会社を目指す

◆**消費者視点（ニーズ），現場起点（シーズ）の商品開発**
・商品開発五原則に基づく　モノづくり
・生活実態調査からのニーズ発掘（潜在的ニーズの発掘）
・消費者の声の反映（エコーシステム）

◆**"絶えざる革新"**
・小さな改善も10年続けられれば技術革新（イノベーション）になる
・新機能製品の開発で新たな需要を開拓する
・ゼロベース，全体最適の視点

「知恵の泉は涸れることはない」

〈出所〉花王株式会社

せない。消費者とのコミュニケーションは，改良・改善テーマの源泉であり，生活実態調査を通じて消費者の潜在的ニーズを発掘する。加えて，消費者の声を「よきモノづくり」に活用するための仕組みがエコーシステムである。消費者からの問い合わせや指摘はその日のうちにデータ化され，社内全体で共有される（**図表2-25**）。

　また，TCR活動を通じて，企業文化が定着するといったサイクルもまわっている。それは，非生産部門においても部門横断的にモノづくりへの関わりを意識し，全社的な利益・原価意識の醸成も価値観共有を助け，1年分に限定された活動効果の測定・評価がチャレンジ精神を育むといったサイクルである。

　最後に，TCR活動の事例を紹介しよう。ビオレ u のパウチ製品の包装容器開発と物流の事例である。従来は，仕切板を用いて15袋ごとに箱詰めしたものをパレットに9面配置していたが，仕切板がなくても強度が保てる新外装を開発し，箱を小さくすることで12面配置できるようにした。その結果，積載効率

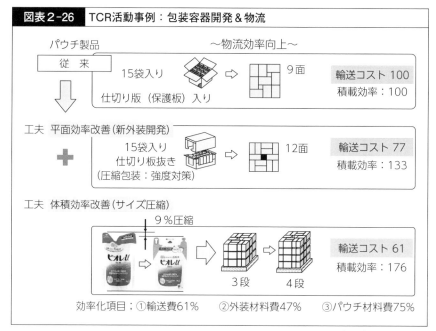

図表2-26　TCR活動事例：包装容器開発＆物流

パウチ製品　　　　　　　　　〜物流効率向上〜

従　来　　15袋入り　　　　　　9面　　輸送コスト100
　　　　　仕切り版（保護板）入り　　　　積載効率：100

工夫　平面効率改善（新外装開発）
　　　15袋入り
　　　仕切り板抜き　　　　　12面　　輸送コスト77
　　　（圧縮包装：強度対策）　　　　　積載効率：133

工夫　体積効率改善（サイズ圧縮）
　　　　9％圧縮
　　　　　　　　　　　3段　　4段　　輸送コスト61
　　　　　　　　　　　　　　　　　　積載効率：176

効率化項目：①輸送費61%　②外装材料費47%　③パウチ材料費75%

〈出所〉花王株式会社

が33％向上することで，輸送コストを23％低減できた。加えて，従来は３段積みであったものを，包装容器の高さを９％圧縮することで，４段積みを可能にした。その結果，積載効率が33％向上することで，輸送コストをさらに21％低減できた。以上の結果，従来比で輸送費61%，外装材料費47%，パウチ材料費75%にまで効率化することができた（**図表2-26**）。

さらに深く学びたい人のために

◉アメーバ経営学術研究会（2010）『アメーバ経営学：理論と実証』KCCSマネジメントコンサルティング。

◉アメーバ経営学術研究会（2017）『アメーバ経営の進化：理論と実践』中央経済社。
　経営理念と経営管理の仕組みを融合させる取り組みとして，アメーバ経営について学べる研究書である。

2-14
業務革新活動⑷：TCR ― まとめ

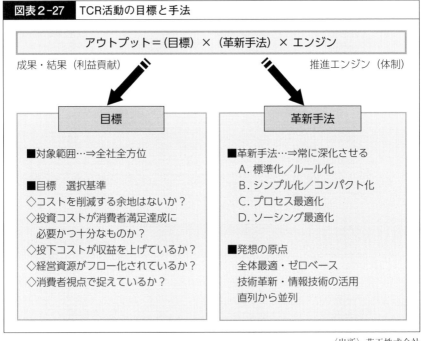

図表2-27　TCR活動の目標と手法

アウトプット＝（目標）×（革新手法）×エンジン

成果・結果（利益貢献）　　　　　　　　　推進エンジン（体制）

目標

■対象範囲…⇒全社全方位

■目標　選択基準
◇コストを削減する余地はないか？
◇投資コストが消費者満足達成に
　必要かつ十分なものか？
◇投下コストが収益を上げているか？
◇経営資源がフロー化されているか？
◇消費者視点で捉えているか？

革新手法

■革新手法…⇒常に深化させる
　A. 標準化／ルール化
　B. シンプル化／コンパクト化
　C. プロセス最適化
　D. ソーシング最適化

■発想の原点
　全体最適・ゼロベース
　技術革新・情報技術の活用
　直列から並列

〈出所〉花王株式会社

　TCR活動のまとめとして，活動の目標と手法，知恵や工夫を創出するポイント，活動継続のポイントについて説明する（**図表2-27**）。

　まずは活動の目標と手法である。すでに前節で，TCR活動の推進体制（エンジン）と効果については説明してきた。加えて，TCR活動が効果を発揮するためには，適切な目標設定と目標を達成するための手段（革新手法）が必要である。

　目標設定で重要なことは，部分最適に陥らず，全社全方位的な観点から対象範囲を設定することである。その際には，つぎに挙げる5つの選択基準をクリアする必要がある。それらは，「コストを削減する余地はないか？」「投資コストが消費者満足達成に必要かつ十分なものか？」「投下コストが収益を上げているか？」「経営資源がフロー化されているか？」「消費者視点で捉えているか？」である。

　目標達成のための手段（革新手法）には4つのアプローチがある。(1)「標準化／ルール化」は，標準やルールを定めることで作業効率を高めたり，使用部材の集約を図ることである。(2)「シンプル化／コンパクト化」は，使用する部材を小さくし，商品・包装の構造や業務プロセスを単純にすることである。(3)「プロセス最適化」は，生産に限らず，研究から生産，販売に至るまでの業務プロセスの全体最適の視点から，施策を練ることである。(4)「ソーシング最適化」は，商品使用や取引条件，地域などさまざまな条件を加味して，最適な購買意思決定をおこなうことである。

　目標達成のための発想の原点は，部分最適ではなく全体最適の視点，既存のやり方にとらわれずゼロベースからの発案，技術革新・情報技術の活用，直列から並列にものごとを進める短縮化・同時並行化の4点が強調される。

　つぎに，知恵や工夫を創出する現場起点の活動を活性化するポイントである（**図表2-28**）。第1のポイントは，すべての仕事をゼロベースで見直すことである。これまでの仕事のやり方を当たり前と受け入れるのではなく，企業価値を生み出す活動になっているのかを常に見直す必要がある。第2のポイントは，すべての仕事を「ECRS」の視点で再考することである。ECRSとは，Eliminate（削除），Combine（結合），Rearrange（再編成），Simplify（単純化）の頭文字である。無駄な仕事であれば削除し，価値を生み出す重要な仕事であっても，結合・再編成・単純化することで効率化を図ったり，さらなる価値を生み出すことを考える必要がある。

　最後に，活動継続のポイントである（**図表2-29**）。1986年以来，TCR活動が

図表2-28	TCR活動をどう創出するか

現場起点の活動を活性化するポイント

① 全ての仕事をゼロベースで見直す
② 全ての仕事を"ＥＣＲＳ"の視点で再考する
   E：仕事を Eliminate（削除）できないか
   C：仕事と仕事を Combine（結合）できないか
   R：仕事を Rearrange（再編成）できないか
   S：仕事を Simplify（単純化）できないか

〈出所〉花王株式会社

継続できた要因として，7つのポイントが挙げられる。

　第1に，企業文化をベースにした活動である。企業を取り巻く競争環境や経営方針などは時代とともに変化することもあるが，TCR活動は，変化しない企業文化に根づいた活動であることが，継続のひとつの要因といえる。

　第2に，価値創造と一体化した活動である。VCR（Value Creating Revolution）活動ともいわれ，企業活動に普遍的に重要な「価値創造」を掲げていることも，継続のひとつの要因といえる。

　第3に，知恵を盛り込むことで，仕組みを変えて仕事が楽になるという発想である。改革疲れや「管理のための管理」に陥ることなく，業務改善が継続するひとつの要因といえる。

　第4に，トップダウンとボトムアップの融合である。掛け声だけで終わってしまうトップダウン改革や，単なる意識改革目的のボトムアップ活動ではなく，全社的・経常的な仕組みとして機能していることが，継続のひとつの要因といえる。

　第5に，PDCA（Plan-Do-Check-Action）サイクルを回す仕組みに落とし込まれていることである。TCR活動で提案されるコスト低減額は予算化され，効果を測定・評価する仕組みとして運用されていることが，継続のひとつの要因といえる。

　第6に，経営に直結した利益改善額を評価指標とする活動の見える化である。

図表2-29	TCR活動継続のポイント

⑴　企業文化をベースにした活動（健全なる危機感，絶えざる革新）
⑵　価値創造と一体化した活動
⑶　知恵を盛り込む → 仕組みを変えて仕事を楽に
⑷　トップダウンとボトムアップの融合
⑸　PDCAサイクルを回す → 仕組みに落とし込む
⑹　活動の見える化 → 経営に直結した評価指標
⑺　環境変化に合わせたコンセプトの刷新

〈出所〉花王株式会社

部分最適でも自己満足でもなく，全社的利益額への貢献が見える化されていることが，継続のひとつの要因といえる。

　第7に，環境変化に合わせたコンセプトの刷新である。経営環境の変化や経営方針に合わせて活動を焦点化するために，第1次活動から第5次活動まで活動コンセプトが刷新されてきたことも，継続のひとつの要因といえる。

96

先輩が語る2

本社 管理部 連結会計グループ　2016年入社

　私は2016年に入社し，初期配属の東京工場にて約3年間，原価計算，経費管理，固定資産業務を担当しました。現在は本社管理部連結会計グループにて開示用決算書類などを作成する業務を担当しています。

　まず，経理というと，皆さんは"デスクワーク"のイメージが強いかもしれません。しかし，工場経理はコミュニケーション力と提案力こそが重要であると思っています。数字だけの分析でなく，"疑問に思ったら現場に行く"というスタンスで，工場の現場の方の懐に入り込み，Face to Faceで改善提案をしていきます。入社して数年の若手の提案でこんなにも変えられることがあるのかと驚くと同時に，自分の提案の成果を実感できることにやりがいも感じました。

　また，自分の在籍している工場内で完結することなく，他工場の経理と連携し，情報交換会や改善提案をおこないました。実際に他工場を訪問し，自工場に活かせることを模索したり，逆に，自工場での取り組みを他工場に提案することもありました。まさに，やりたいことは何でもできるといっても過言ではない，自分で仕事を生み出すことができる職場環境でした。それが実現できたのは，現場により近い花王の工場経理ならではの特徴であり，入社前に抱いていた経理のイメージとは違う，良いギャップであったと思います。

　現在在籍している連結会計グループでは，今度は，海外の関係会社の方とコミュニケーションをとりながら仕事をしています。今までの工場経理業務とはガラリと変わりましたが，会社全体の数字を取りまとめるグローバルで非常に責任のある業務です。このように，花王の経理の業務は非常に幅広く，ひとりひとりが多様なキャリアを積むことができるので，私自身もこれからのキャリアプランに夢が広がっています。

Kao

第 3 章

本社管理部管理会計グループ

　あなたは，入社から 2 年が経過し，茅場町本社会計財務部門管理部管理会計グループに転属となりました。これからは，工場だけでなく全社的な業績管理の一端を担うことになります。現場でしっかりとコストを作り込むこれまでの業務とは一味違った，大きな視点も必要な管理会計の世界で大いに学びましょう。

　第 3 章で学ぶことは，言い換えれば，事業やブランド責任者とのコミュニケーションを学ぶ機会ともいえます。

3-1 業績管理(1)：中期経営計画と予算管理

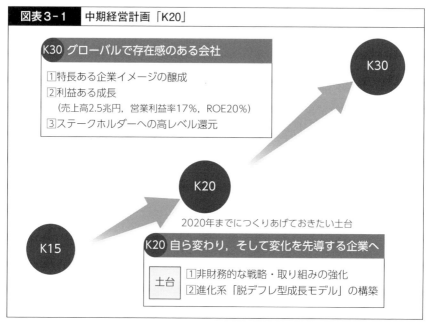

図表3-1 中期経営計画「K20」

K30 グローバルで存在感のある会社
1. 特長ある企業イメージの醸成
2. 利益ある成長
   （売上高2.5兆円，営業利益率17％，ROE20％）
3. ステークホルダーへの高レベル還元

K30

K20

K15

2020年までにつくりあげておきたい土台

K20 自ら変わり，そして変化を先導する企業へ

土台
1. 非財務的な戦略・取り組みの強化
2. 進化系「脱デフレ型成長モデル」の構築

〈出所〉花王株式会社

　花王は，グローバルにおける企業価値の増大に向け，2030年までに達成したい姿「K30」と，2017年度から2020年度までの4年間を対象とした中期経営計画「K20」を策定している（**図表3-1**，詳細は0-3節）。

　2030年までに達成したい姿（K30）は，「事業活動を通じた社会的課題の解決や社会貢献活動による社会のサステナビリティへの貢献と，持続的な利益ある成長との両立による，グローバルで存在感のある会社Kao」である。その概要は，(1)特長ある企業イメージの醸成，(2)利益ある成長（売上高2.5兆円，営業利

益率17%，ROE（Return on Equity）20%），⑶ステークホルダーへの高レベル還元である。

　2017年度から始まるK20は，K30を実現するための重要な通過点と位置づけられる。K20では，「自ら変わり，そして変化を先導する企業へ」を花王が達成したい姿としている。その背景には，世界が大きく変化し，予見することが難しくなっていることがある。そうした状況に対処していくため，企業理念である花王ウェイの基本となる価値観，「正道を歩むこと」と「絶えざる革新」へと原点回帰し，自らが変化し，変化を創り出すことが重要だと考えている。

　K20では，K30を達成するための目標（こだわり）を設定している。まず，⑴特長ある企業イメージの醸成については，生活者の気持ちにそっと寄り添える企業でありたいとし，「きれい（KIREI）」Company＝Kaoをコンセプトとしている。ここで「きれい」は，清潔，美しさ，健やか，清廉などを意味している。つぎに，⑵利益ある成長については，最高益更新の継続，売上高成長率や営業利益率に関する目標，メリーズ，アタック，ビオレの３ブランドの売上規模をそれぞれ1,000億円に拡大する目標を設定している。最後に，⑶ステークホルダーへの高レベル還元については，株主，社員，顧客，社会といった幅広いステークホルダーへの還元を目標としている。例えば，株主に対しては連続増配を継続すること，社員に対しては継続的な処遇アップと健康サポートを，具体的な還元策としている。

　K20では，そうした目標の達成に向けた戦略も策定している。「利益ある成長」2020戦略では，経営理念である「正道を歩む」をベースに，人財の強化，事業の創出や拡大，高付加価値化などを，取るべきアクションとしている。

　以上のように，花王では，自社がありたい長期的な姿を達成する手段として中期経営計画を位置づけ，具体的な目標達成方法まで策定している。精緻な計画策定を重視する姿勢は，計画の確実な達成をもたらしている。例えば，2013年度から2015年度までの中期経営計画「K15」では，掲げた経営目標・数値目標をすべて達成している。

第３章　本社管理部管理会計グループ

100

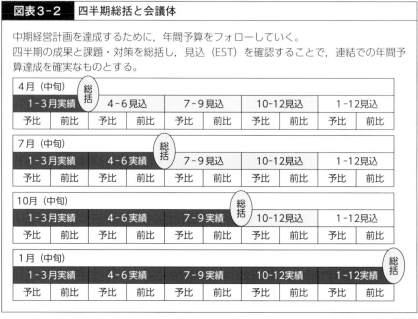

〈出所〉花王株式会社

　花王では，中期経営計画を確実に達成するために予算管理をおこなっている
（**図表3-2**）。まず，予算編成について説明する。予算策定は年1回であり，
年間を通して修正をおこなわない。その策定方法は，以前は積上式であったが，
近年では中期経営計画をベースにしたトップダウン式（もしくは積上式との組
合せ）で策定している。予算は，月別×ブランド別×チャネル別×国別といっ
た詳細な粒度で策定しており，おおよその数字が決まるのは毎年10月頃である。
予算責任を担うのは，ブランドや事業など，管理会計の報告単位である。

　つぎに，予算統制について説明する。中期経営計画を確実に達成するには，
年間予算の確実な達成が重要である。そこで全社では，四半期単位で社長や事
業部長などが出席する会議を開催し，年間予算の進捗状況のフォローをおこ
なっている。例えば，期首から3カ月経った4月には，1月から3月の実績に
ついて，予算および前年度実績と比較することで四半期の成果の良し悪しを判
断するとともに，課題・対策について議論している。加えて，残りの四半期お

よび年間の業績見込みを算出し，予算および前年度実績と比較することで，予算の確実な達成を目指している。

なお，各ブランド・事業では，月単位で実績情報と業績見込情報を用いた予算管理をおこなっている。本社管理会計グループでは，各事業に担当者を配置しており，事業の予算達成を統制・支援している。

ココがすごい！

花王の中期経営計画と予算管理のすごさは，つぎの2点にある。

第1に，計画間の連携と詳細な計画策定である。花王では，時期・期間の異なる計画を，目的と手段の関係に結びつけて策定している。例えば，中期経営計画（K20）は，2030年度までに達成したい姿（K30）を達成するための手段でもあり，予算は，中期経営計画を達成するための手段ともいえる。こうした計画間の関係に加え，策定される計画は，極めて詳細である。こうしたことから，計画や目標がお題目だけに終わることなく，確実に実行・達成される。

第2に，予算管理における業績見込情報の利用である。「予算に対して実績がどうだったか」という予算と実績の差異に基づく管理では，実績が明らかになるまで判断・行動しないため，迅速な対応ができずに，結果として年間予算を達成できない可能性がある。一方，花王では，実績だけでなく業績見込みも利用し，予算と比較することで，実績が明らかになる前に，「予算に対して実績がどうなりそうか」という観点から判断・行動している。そのため，予算達成できる可能性は高まる。

さらに深く学びたい人のために

◉小林健吾（1997）『予算管理講義』東京経済情報出版。

予算管理について体系的に学べる教科書である。

◉上總康行（2014）『ケースブック管理会計』新世社。

◉櫻井通晴・伊藤和憲編著（2017）『ケース管理会計』中央経済社。

中期経営計画と予算管理について事例から学べる教科書である。

3-2
業績管理(2)：P&A

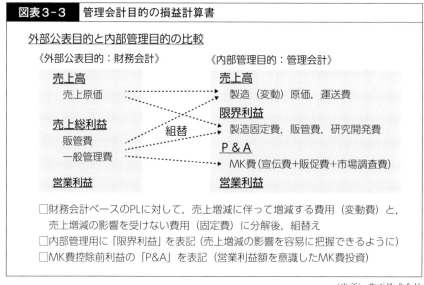

| 図表3-3 | 管理会計目的の損益計算書 |

外部公表目的と内部管理目的の比較

《外部公表目的：財務会計》

売上高
売上原価

売上総利益
販管費
一般管理費

営業利益

《内部管理目的：管理会計》

売上高
製造（変動）原価，運送費

限界利益
製造固定費，販管費，研究開発費

P&A
MK費（宣伝費＋販促費＋市場調査費）

営業利益

組替

□財務会計ベースのPLに対して，売上増減に伴って増減する費用（変動費）と，売上増減の影響を受けない費用（固定費）に分解後，組替え
□内部管理用に「限界利益」を表記（売上増減の影響を容易に把握できるように）
□MK費控除前利益の「P&A」を表記（営業利益額を意識したMK費投資）

〈出所〉花王株式会社

　貸借対照表や損益計算書などの財務諸表は，管理会計（内部管理）目的のために形式を変更することがある。ここでは，花王における財務会計目的と管理会計目的の損益計算書の違いと，花王の業績管理において重要な役割を果たしている利益指標「P&A（Profit and Advertisement）」について説明する（**図表3-3**）。

　財務会計（企業外部への公表）目的の損益計算書を一部抜粋したのが，**図表3-3**の左側である。財務会計目的の損益計算書では，売上高から売上原価を引いて売上総利益を算出し，さらに，販売費および一般管理費（以下，販管費）

を引いて営業利益を算出する。公表された損益計算書は，株主や債権者などのステークホルダーが企業の経営成績を企業間で比較，評価できるように，決められたルールにしたがい，定型の様式で作成することが義務づけられている。

　一方，花王の管理会計目的の損益計算書を一部抜粋したのが，**図表3-3**の右側である。その特徴は，矢印で示す費用項目の組み換えとP&Aという利益概念にある。

　計算手続きを具体的に説明しよう。まず，財務会計目的の損益計算書における売上原価を変動費と固定費に分解（固変分解）し，販管費も変動費と2つの固定費（MK費（マーケティング費用）とその他の費用）に区分する。固変分解するのは，売上増減に応じて変動する費用（変動費）と売上増減の影響を受けない費用（固定費）の影響を区別し，容易に把握できるようにするためである。つぎに，売上高から，変動製造原価と販売変動費（運送費など）とを引いて，限界利益を算出する。限界利益は貢献利益とも呼ばれ，一般的に，売上高から変動費を引いたものを指す。つづいて，限界利益から，製造固定費（固定製造原価）と販管費，研究開発費を引いて，P&Aと呼ばれる利益額を算出する。最後に，P&Aから，MK費（宣伝費，販促費，市場調査費）を引いて，営業利益を算出する。この営業利益額は，財務会計目的の損益計算書の営業利益額と一致する。

　なぜ，販管費からMK費を独立させ，P&Aという利益額を算出するのだろうか。それは，ブランドマネジャー（商品ブランドの売上高や営業利益の責任者）が営業利益目標の達成に向けて，MK費の使途と投入金額について容易に検討できるようにするためである。ブランドマネジャーはP&Aの金額を見ることで，「営業利益が赤字になるまで，何にどれだけMK費をかけられるか」「予算（営業利益目標）達成のためには，MK費の何をどれだけ削ればよいか」など，具体的な施策の実施について迅速に判断することができる。なお，新商品発売の際には，予想されるP&A（新商品発売による予想営業利益と予想MK費の合計値）が一定の金額に達することが，発売の条件にもなっている。

　ただし，花王におけるP&Aや営業利益予算は絶対的な目標ではない。なぜならば，ブランド育成の観点からは，予算を達成することが必ずしも長期的な最適解とは限らないためである。例えば，MK費の投入が売上高や営業利益の増加などの効果をもたらすまでに一定の時間を要することも多い。その場合，営業利益額を意識しすぎてMK費を削減することは，短期的な利益増加をもたらすものの，長期的な売上高や利益の増加，ブランドの育成などを抑制・阻害するかもしれない。そこで，ブランド育成の観点から，短期的には赤字になっても，将来の売上高や利益の増加に向けてMK費を投入することもある。

　また，ブランドマネジャーのMK費投入に関する意思決定を支援する欠かせない基盤がITシステムである。花王では，情報という経営資源の価値，その活用のためのIT基盤の整備の重要性を熟知しており，「絶えざる革新」を続けている。そうした意思決定支援体制の充実にも支えられ，ブランドマネジャーなどのマーケティング担当者は，いつでも担当ブランドの利益や原価などの会計情報にアクセスできる（詳細は5‐1節）。

　管理会計目的の損益計算書に関する花王の特徴は，つぎの2点にある。

　第1に，マーケティング費用の特徴的な費用管理である。一般的に，製造活動と生産量との関係を把握しやすい製造現場では，製造活動の能率管理や原価管理が実施されることが多い。他方，マーケティング費用については販売量や売上高との関係が必ずしも明確でないことも多く，能率目標などを設定しにくいため，効果的な予算管理をするにも限界がある。そのためマーケティング費用は，予算編成で支出可能な金額が決まった後は，費用予算を超えない範囲で支出されていくだけの成行管理であることが少なくない。

　一方，花王では，予想営業利益に応じたマーケティング費用の追加支出や削減を実現可能にする能動的な費用管理が実施されており，積極的な取り組みであるといえる。

　第2に，ブランドマネジャーが，売上高や営業利益責任を担い，会計情報を

用いた損益管理を実施している。花王のP&Aに代表される損益計算は，「ブランドが稼ぎ出す利益からマーケティング活動に使える金額はいくらか」をブランドマネジャー自身が検討することを可能にしており，経営者意識を育むことにも役立っている。また，花王はIT投資にも積極的であることが知られており，意思決定に必要な情報を的確に提供することができるITシステムの支援も充実している。

　さらに，権限委譲の観点からも有効な取り組みといえよう。例えば，シャンプーを例に挙げると，「メリット」がブランドで，その上にヘアケア用品というカテゴリーがあり，スキンケア・ヘアケア事業に属している。つまり，ブランドマネジャーには，カテゴリーマネジャーという上司，さらにその上には事業部長がいるという階層構造のなかで，ブランドマネジャーが迅速・自律的に市場・顧客対応するために生み出された仕組みであろう。

さらに深く学びたい人のために

◉挽文子（2007）『管理会計の進化』森山書店。
　　花王においてP&Aが利益指標として利用された背景についても詳細に説明されている研究書である。
◉三矢裕（2003）『アメーバ経営論』東洋経済新報社。
　　京セラ㈱における管理会計目的での損益計算書の形式の変更について説明されている。同社独自の利益指標である「時間当たり採算」や，同社における経営者意識の醸成の仕組みについても学ぶことができる研究書である。
◉木村麻子・堺昌彦（2015）「ブランドマネジャー制に資するマネジメントコントロール：会計システムの役割」『原価計算研究』39⑴，120-132頁。
　　花王におけるブランドマネジャー制やP&Aにも詳しい事例研究である。

第3章　本社管理部管理会計グループ

3-3
業績管理⑶：事業別損益管理

	図表3-4	事業別損益計算書				

	化粧品	スキンケア ヘアケア	ヒューマン ヘルスケア	ファブリック ＆ホームケア	ケミカル	合計
売上高						
変動製造原価						
販売変動費						
限界利益						
製造固定費						
販管費						
研究開発費						
P&A						
宣伝広告費						
販売促進費						
市場調査費						
MK費計						
事業利益						
事業別，ブランド別に損益を管理						

〈出所〉花王株式会社

　花王の事業別の損益計算書を見てみよう（**図表3-4**）。前節で説明した管理会計目的の損益計算書を用いて，事業別さらにはブランド別に損益を管理している。事業とブランドの関係は，事業のなかにブランドがあり，各事業部長が各ブランドの利益責任をもつブランドマネジャーの上司になっている。

　損益管理の方法は，前々節で説明した予算管理が中心であり，予算編成と予算統制に分けて説明していこう。

　予算編成は，管理会計目的の損益計算書（一般に予想損益計算書，見積損益計算書と呼ばれる）の各項目について実施される。まず，市場シェアや競合の動向，新商品の上市状況を分析し，売上予算を編成する。それと並行して，製造

部門では売上品目に対する標準原価の設定や，製造固定費（固定製造原価）の予算化をおこない，そのほかの機能部門においても部門固定費の予算化をおこなう。この段階で，固定費については，予算額の妥当性が吟味され，確定していく。その後，各ブランドへの配賦計算をおこない，P&Aまでの数値が確定する。同じ頃，ブランドでは，売上予算を達成するためのマーケティング施策を立案し，その実行にかかる費用を予算化する。最後に，予算編成時に見積もった売上と費用から計算される利益額（予想利益，見積利益）について社内で協議し，予算が確定する。こうしたプロセスを経て，各ブランドの推進役であるブランドマネジャーが達成責任を負う売上高や営業利益の目標値が設定され，事業部長は，複数のブランドを統合した売上高や営業利益の目標値に達成責任を負うことになる。なお，IFRS（International Financial Reporting Standards：国際財務報告基準，詳細は5－2節）導入後，従来の日本基準とでは営業利益の概念が異なるため，日本基準で表記していた営業利益を「事業利益」として導入し，IFRSにおける営業利益と2段階で管理している。

　予算統制では，管理会計目的の損益計算書の各項目について，業績を測定し，管理活動をおこなう。原則として，事業とブランドには予算編成で設定した営業利益目標の達成が求められる。ただし，製造部門とブランドとでは管理責任が異なるため，両者を分けて説明しよう。製造部門は，製造原価目標の達成に責任を負う。2－6節や2－7節で説明したように，製造部門では，直接標準原価計算（原価要素を変動費と固定費に分類したうえでの標準原価計算）に基づく原価管理（予算管理）を実施している。変動費（**図表3－4**の変動製造原価）については，原単位レベルの改善活動から製品ロスの削減，原材料市況や為替動向の確認など幅広い視野で管理をおこない，設定目標の達成を目指している。また固定費については，設定された部門固定費予算の進捗を，月次レベルで確認しながら管理をおこなっている。これらの活動は，前章で説明した現場のTCR活動や原価検討会での報告・提案を軸に実施される。

　一方，ブランドは，ブランドごとの営業利益目標の達成に責任を負う。ただし，営業利益は，製造部門の変動費差異（原材料価格差異や歩留まり，棚卸差異

など）や固定費差異など，ブランドマネジャーにとって管理不能な要因の影響を受ける。それにもかかわらず，花王ではブランドマネジャーが，管理可能な要因だけでなく管理不能な要因も反映した営業利益に責任を負う。そうすることで「ブランドマネジャーはブランドの社長」という考え方，つまりそのブランドの損益に関わるすべての事象を把握したうえで，営業利益目標を達成するためのマネジメントができることを意図している。そうしたなかで重要な役割を果たすのが，収支検討会という会議体である。管理会計グループでは各事業に担当者を置き，毎月，事業部長やブランドマネジャーに対して予実差異分析の報告や年間の着地見込，さらなるコスト削減提案などをおこないながら，事業と協働して予算の達成を目指していく。

　なお，花王グループの経営成績の公表値は，多少の調整は必要であるが，基本的には各事業別や各拠点の損益計算書を積み上げることで計算できる。また，各事業で用いられる管理会計目的の損益計算書の様式は一致しているため，事業横断的に実績や目標達成度を評価することも可能である。

　　　　　　　　　　事業別損益管理に関する花王の特徴は，つぎの3点にある。

　　　　　　　　　第1に，ブランドマネジャーの経営者意識を醸成している。花王では，事業責任者である事業部長だけでなく，ブランドマネジャーも，営業利益責任を負っている。営業利益はブランドマネジャーにとって管理不能な要因の影響を受けるにもかかわらず，あえてこのような仕組みを運用している。また前節で説明したように，ブランドマネジャーは，社内で共有されている会計情報を判断材料として，自身が管理するブランドの営業利益額を意識したMK費の支出を自主的に検討・判断している。こうした広範な責任と権限を付与することが，ブランドマネジャーの経営者意識の醸成に役立っている。

　第2に，直接標準原価計算や管理会計目的の損益計算書によって，製造部門やブランドマネジャーが注力すべき管理ポイントが明確になっている。工場では変動費の目標達成に主眼が置かれ，ブランドマネジャーは，MK費の支出管

理を通じて営業利益目標の達成を目指している。こうした管理ポイントの明確
化が，部門やマネジャーの努力を成果に結びつきやすいものにしている。

　第3に，管理会計目的の損益計算書を作成しつつも，営業利益以下の項目に
ついては，財務会計数値との一致を実現させている。

　一般には，管理会計目的に合わせて会社独自の損益計算書項目を設定するこ
とで，財務会計上の利益と管理会計上の利益が一致しないことが起こり得る。
そうした利益の不整合によって，社内での数値に対する信頼が低くなったり，
不整合の発生原因を特定する手間が増えることもある。また，管理会計上の利
益が黒字で財務会計上は赤字であるような場合，部門管理者は，社外に公表す
る利益が赤字であるという事実を軽視してしまう可能性もある。

　一方，花王では，管理会計目的で限界利益やP&Aを算出しながらも，営業
利益については財務会計上の数値と一致（財管一致）させることで，そうした
問題を回避している。また，財管一致によって，多少の調整は必要であるが，
基本的には事業別の管理会計目的の損益計算書を積み上げることで，会社全体
の損益計算書と一致するようになっている。そのため，各事業，各ブランド，
各部門がそれぞれの業務に注力し，業績目標を達成することで，全社的な公表
値の達成を目指すことができる。

さらに深く学びたい人のために

●上總康行（2014）『ケースブック管理会計』新世社。
　　　直接原価計算と責任会計の関係について学べる教科書である。
●木村麻子・堺昌彦（2015）「ブランドマネジャー制に資するマネジメントコント
　ロール：会計システムの役割」『原価計算研究』39(1)，120-132頁。
　　　ブランド別の損益管理に詳しい事例研究である。
●吉田栄介・岩澤佳太（2018）「日本企業の管理会計利用実態：近年10年の実態調査
　研究の文献サーベイを中心として(1)(2)」『三田商学研究』（慶應義塾大学）61(4)(5)，
　29-45頁，31-45頁。
　　　日本企業の業績管理において重視されている業績指標や，部門・マネジャー
　　　の業績評価，報酬との関連についてまとめた文献調査研究である。

先輩が語る3

経営サポート部門コーポレート戦略部　2009年入社

　この本を手に取っている皆さんの多くは，会計を学びながら，経理を志望されていらっしゃるでしょうか。自分自身を振り返ると，入社当時は会計の知識が全くなく大変苦労をしたので，このような本があったら良かったなと思います。会計知識ゼロで入社して10年，川崎工場（2年），制度会計（1年），米国MBA留学（2年），管理会計（2年），連結会計（2.5年），コーポレート戦略部（0.5年）と，なんとか続けてこられたのは，この本に書かれているような会計知識に加えて，花王の経理の先輩方から学んだ3つのことが支えになってきたように思います。

「学び続ける姿勢」

　会計を実務で活かすためには，世界経済の情勢や会社の事業に対する深い理解が不可欠です。また，会計の世界にも日々，革新があります。花王の経理では，たとえ若手であっても，担当領域について深い洞察に基づいた提案をおこなえば，公平に議論できる風土が根づいています。

「現場での判断」

　会計の実務では，必ずしも正解がひとつに限定されないことが多々あり，事象をどのように捉えるかによって，判断が分かれることがあります。現場やマネジメントの考え方を真摯に受け止めて，そこで活用してもらえる会計情報を提供できるよう，日々試行錯誤しています。

「正道を歩む」

　最後に，経理として忘れてはならないのは，職業人としての倫理観だと思います。利益目標を守るために最善を尽くしながらも，必要な場面では現場やマネジメントに対して，経理として言うべきことを言える勇気があるかどうか，それが，経理として最も重要な適性かもしれません。

Kao

第 4 章

本社財務部

　あなたは，入社から4年が経過し，原価計算・管理と管理会計については，ひととおり学んできました。さらなるステップアップのために，会計財務部門の財務部への転属が決まりました。ここで資金調達・活用について学べば，会社のお金の流れについて，ほぼすべてを学ぶことになります。大いに学びましょう。

　第4章で学ぶことは，言い換えれば，会社のトップマネジメントや投資家，金融機関の方々とのコミュニケーションを学ぶ機会ともいえます。

4-1
EVA®

図表4-1　EVA®（経済的付加価値）

投下資本のコストを考慮した「真の利益」を表すEVA®（Economic Value Added：経済的付加価値）を主な経営指標として，EVA®を継続的に増加させていくことが企業価値の増大につながり，株主だけでなく全てのステークホルダーの長期的な利益とも合致。

「資本の効率的活用」と「株主視点」の両立
EVA®= 税引後営業利益（NOPAT）−資本コスト
　　　　NOPAT=Net Operating Profit After Tax

$$\left[\frac{\text{税引後営業利益}}{\text{投下資本}}(\text{ROIC})-\text{資本コスト率}\right]\times\text{投下資本}$$

企業活動に使った資本コストを差し引いた残余利益＝企業価値に直結する利益

グループの資産の最大活用を踏まえた進化系「脱デフレ型成長モデル」を構築し，利益ある成長を達成させると共に株主等のステークホルダーにしっかり還元

〈出所〉花王株式会社

　花王では，主要な経営指標としてEVA®（Economic Value Added：経済的付加価値）を採用し，企業価値の向上を図ってきた（**図表4-1**）。投下資本や資本コストを考慮した「真の利益」を表すEVA®を継続的に増加させていくことが，企業価値の増大につながり，株主だけでなく，すべてのステークホルダー（株主，債権者，従業員，取引先，政府，消費者）の長期的な利益と合致すると考えている。また，花王のESG経営（環境（Environment），社会（Social），ガバナンス（Governance））とも，特にガバナンスの点で適合する。なお，EVA®は

Stern Value Management（旧Stern Stewart & Co.）社の登録商標である。

EVA®は，「NOPAT（Net Operating Profit After Tax：税引後営業利益）－資本コスト」の数式で算定される。花王ではNOPATから企業活動に使った資本コストを除いた残余利益こそが企業価値に直結する「真の利益」であるとの考えのもと，企業・事業価値を表す指標としてEVA®を採用してきた。

花王がEVA®を算出する際に重視しているのは，「資本の効率的活用」と「株主視点」の両立である。「資本の効率的活用」の観点は，EVA®の計算式をROIC（Return On Invested Capital：投下資本利益率）を含むものに変形するとよくわかる。ROICは事業活動に投じた資金（投下資本）に対する利益を測る指標であり，「税引後営業利益／投下資本」の数式で算出され，事業活動が効率よく利益を生み出しているかどうかを判断できる。一方，「株主視点」について，資本コストは企業が資金調達することで生じる借入れに対する利息や株式に対する配当金の支払い，株価の向上などであり，それを上回る業績を目指すことで株主の視点に立っている。資本コストは，具体的には，資金提供者が求める個別に異なる利率（借入利息や株式調達コスト）を加重平均したWACC（Weighted Average Cost of Capital：加重平均資本コスト，資本コスト率）を算出する。

花王は，1998年から日本企業ではじめて Stern Stewart & Co.社のコンサルティングを受け，1999年からEVA®を適用し，現在に至るまで管理会計（内部管理）と財務会計（外部公表，IR（Investor Relations））の両面においてEVA®経営を実践してきた。具体的には，EVA®を業績測定尺度として設定することで効率的な経営を図り，役員報酬と連動させることでEVA®を向上させるインセンティブを経営陣に与えてきた。また，EVA®の実績値を決算説明資料などに掲載し，企業価値向上経営の実践と成果をステークホルダーに開示してきた。

EVA®を向上させるためには，一般的に，おもに以下の4つの取り組みがあり，損益計算書の視点に基づくもの（第1と第2の取り組み）と，貸借対照表

114

の視点に基づくもの（第3と第4の点の取り組み）とに大別される。

第1に，高付加価値事業への投資である。企業が，個別の事業や大型プロジェクトへの投資をおこなう際には，将来見込まれる収益やコストを事前に試算し，投資の可否を意思決定する。その際に，EVA®を用いて計画期間に見込まれるNOPATが資本コストを上回る事業への投資をおこなう。そうすることで，持続的な利益獲得が見込まれる事業を選別し，規模の拡大と採算性の確保を両立することができる。

第2に，投下資本を増やさず，NOPATを増加させる収益改善の取り組みである。第1の取り組みで説明した投資意思決定が，事業を始める前の取り組みであるのに対し，これは継続中の事業における取り組みである。売上増大やコスト低減，費用の効率化を通じて営業利益を高めるためのさまざまな取り組みが含まれる。花王では，例えば，質とコストを改善し商品価値の最大化を図るTCR活動（詳細は2-11節から2-15節）も，EVA®を高める具体的な取り組みのひとつといえる。

第3に，事業の縮小や撤退である。EVA®がマイナスで改善が見込めない事業や投資から，投下資本を回収する。EVA®がマイナスになるということは，会社にとって「真の利益」を生み出していないことを意味する。したがって，EVA®がマイナスの事業はその継続の可否を検討する必要があり，収益性のあるほかの事業への資本投下や資本のスリム化が適切であると判断されれば，事業の縮小や撤退の意思決定をおこなう。

第4に，資本コストの低減である。資本コストは株主や債権者などの出資者が求めるリターンであり，自己株式を取得し，資本構成を改善することで，EVA®を向上させることができる。また，出資者は，一般的に低リスクの案件には低利回り，高リスクの案件には高利回りを求める。したがって，業績や財務体質が良好な状態を維持し，適切なリスク管理をおこない，丁寧なIR活動に努めることによって，出資者の信頼感を高め，資本コストを抑えることができる。

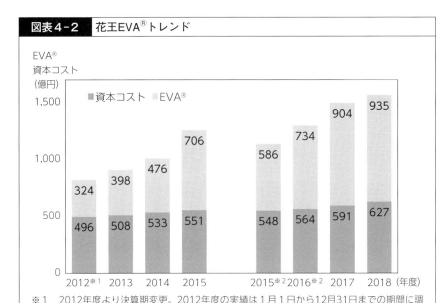

図表4-2　花王EVA®トレンド

EVA®
資本コスト
（億円）

■資本コスト　■EVA®

| | 2012*1 | 2013 | 2014 | 2015 | | 2015*2 | 2016*2 | 2017 | 2018（年度）|

EVA®: 324 / 398 / 476 / 706 / 586 / 734 / 904 / 935

資本コスト: 496 / 508 / 533 / 551 / 548 / 564 / 591 / 627

※1　2012年度より決算期変更。2012年度の実績は1月1日から12月31日までの期間に調整。
※2　2016年12月期よりIFRSを適用。2015年度はIFRSに基づき算定。

〈出所〉花王株式会社

　花王でも，以上の4つの取り組みを通じて，実際に，EVA®がプラスとなる状況を維持してきた。加えて，グループ資産の最大活用を踏まえた進化系「脱デフレ型成長モデル」を構築し，利益ある成長を達成させるとともに，株主などのステークホルダーへの還元を積極的に実践してきた。

　花王における近年のEVA®と資本コストの推移を見てみよう（**図表4-2**）。2016年12月期より会計基準をIFRS（International Financial Reporting Standards：国際財務報告基準，詳細は5-2節）に変更したため，2012年度から2015年度までの日本基準によるものと，2015年度から2018年度までのIFRSによるもの（2015年度もIFRSに基づき算定）の2つの期間に分けて見てみると，2018年度を除けば，おおむね資本コストの増加を上回るペースでEVA®が向上していることがわかる。これは，単にEVA®がプラスであるということに留ま

第4章
本社財務部

らず，EVA®の継続的な改善を重視してきた結果である。資本コストを上回る「真の利益」を増大させることで，企業価値を向上させてきたのである。

このように花王のEVA®経営は成果を上げてきたが，EVA®の活用術は決して一朝一夕に手に入るものではない。EVA®は資本コストや投下資本を用いて算定することから，その活用には貸借対照表を正しく理解することが不可欠である。従業員に資産の最大活用の意識を浸透させるのはもちろん，経営陣がEVA®を活用するためにも，継続的な研修や教育が重要となる。

また，EVA®の活用が単なるお題目で終わらないように，経営陣が率先して情報発信をおこない，日々の実践につなげていく必要がある。花王は，継続的にEVA®を活用し，その重要性を企業内外に示してきた。例えば，2013年から2015年までの中期経営計画「K15」では，「脱デフレ型の成長モデル」というスローガンを掲げ，経営資源の効率的な運用と株主視点の両立を図るように社内に指示を出し，洗剤商品での新たな付加価値提供などの成果につなげてきた。つづく中期経営計画「K20」では，2030年までの長期ビジョンを掲げ，そのための価値創造プロセスをマップ化し，特定事業の高利益化やグローバル展開などの具体的な取り組みに落とし込んでいる（詳細は0-3節）。

 花王のEVA®経営は高い評価を受けている。2016年度には，東京証券取引所が企業価値を高めた企業を表彰する「企業価値向上表彰」において，約3,500社にのぼる上場企業のなかで，花王が最上位の賞である「大賞」に選出された。選定理由として挙げられたのは，EVA®を活用した経営の実践，企業価値向上に向けた首尾一貫した姿勢，企業価値向上の実現とその持続を見据えたステークホルダーへの還元であった。

花王の経営における一貫したEVA®の活用は，「企業価値向上表彰」でも高評価を受けたように，他社にはあまり例のない貴重な取り組みである。花王では1999年の本格導入から20年にわたり，経営目標や事業評価，報酬への反映，アニュアルレポートでの実績値公表など，管理会計（内部管理）と財務会計

（外部公表，IR）の両面において，EVA®を活用してきた。花王と同時期にEVA®を導入した日本企業の多くでは，その後に利用をやめたり縮小したりしており，一貫してEVA®を多面的に活用する花王の経営は，特筆に値する。

　それではなぜEVA®の継続利用は難しいのだろうか。その理由のひとつは，計算が複雑であり，ステークホルダーへの浸透が困難なことである。投下資本や資本コスト，貸借対照表に関する十分な理解がなければ，EVA®の値が「何を意味するのか」を適切に把握することは難しい。そのため，EVA®を適用したものの理解が難しいため，実際にはあまり利用されず，報告書などの会議資料やお題目のなかで数字のみがひとり歩きする状況に陥ってしまい，経営陣やマネジャーが実際に使いこなせる理解容易な利益指標に取って代わられるようになった企業が少なくない。

　一方，なぜ花王ではEVA®を定着させることに成功してきたのだろうか。その背景には，EVA®浸透のための経営陣による継続的な支援が挙げられる。経営目標として掲げるだけではなく，経営方針や経営計画におけるEVA®の強調と具体的な目標への落とし込み，研修の継続的な実施など，EVA®の意義や活用方法を経営陣が率先して示し，全社的な理解を深める機会を提供してきた。こうした根気強い継続的な取り組みがなければ，今日の花王におけるEVA®経営はなかったといえよう。

　花王のEVA®の成果はどれほど優れているのだろうか。花王のEVA®はプラスの状況を継続しており，高い企業価値を生み出し続けていることを意味する。EVA®は，NOPATから資本コストを引いて算出するため，損益計算書における利益金額が黒字（プラス）の状態でも，値がマイナスになることがある。すなわち「EVA®をプラスにすること」自体が，経営目標として十分に高い水準だといえる。営業利益などに比べてプラスにすることが容易ではないEVA®を目標値として設定し，社外にも実績値を発表することは，企業にとって，決して低いハードルではない。

　花王ではEVA®以外の企業価値評価指標も活用されているのだろうか。企業価値を表す指標として，一般にはROE（Return On Equity：自己資本利益率）が

有名である。花王では，EVA®だけでなくROEも活用してきた。「企業価値向上表彰」でも，資本コストを大きく上回るROE目標値を設定している点が高く評価されている。すなわち，株主の期待値を上回る利益を確保することが花王の経営では大前提となっており，実際にROEの値は20％に迫る高い水準となっている。

　EVA®にはどのような限界があるのだろうか。一般的には，すでに説明した理解の困難性や値がマイナスになりやすい性質に加えて，1年間の短期的業績を表す指標であることから，経営が短期志向に陥るのではないかという懸念，あくまでも結果指標であり，それ単体では将来の企業価値向上にとってより重要な事業・業務プロセスを評価できないことなどが指摘される。この短期志向性や結果指標であるという限界は，ROEなどの財務指標に共通する性質であり，単にEVA®を向上させることだけを考えれば，将来に向けた必要な投資を抑制し，一時的に利益を高める「数字合わせ」に走りかねないという懸念がある。したがって，一般的にEVA®を活用するためには，単に経営指標として導入するだけではなく，将来の利益獲得のための投資の確保やプロセス評価指標の併用などが求められる。

　花王はこうしたEVA®の限界にどのように対応してきたのだろうか。花王では，TCR活動などのさまざまな取り組みを重ね，企業価値経営を実現するコンセプトを長年にわたり浸透させることによって，EVA®の限界に対応してきた。TCR活動によるコスト低減，本節で説明した損益計算書や貸借対照表の視点に基づくさまざまな取り組み，次節で説明する非効率資産の圧縮など，EVA®を向上させるために実際に「何をすればよいか」を明確にしている。さらに，次節で説明する「将来への投資と株主還元の両立」が，EVA®経営を通じて浸透している。

　企業経営は「言うは易く行うは難し」であるが，花王ではまさにEVA®のコンセプトを体現する「真の企業価値」を生み出す経営を実践してきたといえる。

さらに深く学びたい人のために

◉伊藤邦雄（2014）『新・企業価値評価』日本経済新聞出版社。

企業価値評価に関する教科書であり，EVA®を含め企業価値向上に関する管理会計手法についても学べる。

◉洪水啓次・上田孝司（2007）『M&Aと株式評価の実務』清文社。

市場視点での評価など，さまざまな「企業価値評価」について，入門的に学べる専門書である。

◉櫻井通晴・伊藤和憲編著（2007）『企業価値創造の管理会計』同文舘出版。

EVA®を含め企業価値向上に関する管理会計手法を学べる専門書である。

◉企業価値創造会計研究会（2009）『企業価値創造会計：エレクトロニクス業界の事例分析』学文社。

EVA®に準じる指標の活用を含め，企業価値経営をおこなう20企業の事例を分析した専門書である。

◉スターン・スチュワート社（2001）『EVA®による価値創造経営：その理論と実際』ダイヤモンド社。

EVA®がどのような指標かを理解するための入門書である。

◉Solomons, D.（1965）Divisional Performance: Measurement and Control. New York: Irwin.（櫻井通晴・鳥居宏史監訳（2005）『事業部制の業績評価』東洋経済新報社）

EVA®のベースとなった残余利益の概念について学べる専門書である。

◉KPMG FAS　あずさ監査法人（2017）『ROIC経営：稼ぐ力の創造と戦略的対話』日本経済新聞社。

企業価値評価指標で近年注目されるROICについて総合的に学べる専門書である。EVA®やROEとの関係についても学べる。

◉伊庭保（2017）『日本企業初のCFOが振り返るソニー財務戦略史』日経事業出版センター。

日本企業初のCFO（ソニー㈱）による回顧録である。ソニー㈱は過去にEVA®を導入後に廃止しており，本書では紹介しなかったEVA®計算構造上の限界なども含めて学ぶことができる。

4-2 株主還元・配当政策

| 図表4-3 | EVA®のポイント |

資金をどう使うかがEVA®の真髄

| 非効率資産の圧縮 | | 資金の有効活用 |

・売掛金
　(オーバーデュー)
・棚卸資産の在庫
　(滞留品・過剰在庫)
・固定資産
　(休止資産・低稼働資産)

(1)自律成長のための投資
　(NOPATを稼ぐ投資)
(2)M&A
　(NOPATを稼ぐ投資)
(3)有利子負債削減と株主還元として自社株買い
　(資本コストの低減)

EVA®は，余剰資金を搾り出し，NOPATをさらに生む投資を考える。
なければ，株主還元する。

〈出所〉花王株式会社

「資金をどう使うかがEVA®の真髄」である。花王のEVA®経営では，非効率資産の圧縮により余剰資金をしぼりだし，NOPATをさらに稼げる投資を考え，なければ株主還元するという考えが浸透しており，つぎの手順で施策を実施する（**図表4-3**）。

　まず，EVA®経営では効率的な資産運用を図ることが重要であり，非効率な資産を洗い出し，圧縮や効率化を図る。具体的には，(1)回収日を過ぎても入金がなくオーバーデュー（overdue：遅延）状態になっている売掛金の回収，(2)滞留品や過剰在庫の状態になった棚卸資産の圧縮や処分，(3)休止や低稼働状態になった固定資産などの遊休資産の圧縮や処分をおこなう。

　つぎに，資金を活用しNOPATを稼ぎ，将来のEVA®を向上させる施策を検討・実施する。具体的には，(1)自律成長のため，将来の成長が見込まれる事業

図表4-4　株主還元

※1　2012年度より決算期変更。2012年度の実績は1月1日から12月31日までの期間に調整。
※2　2016年12月期よりIFRSを適用。2015年度はIFRSに基づき算定。

〈出所〉花王株式会社

への投資，(2)既存事業の拡大や新事業の展開のためのM&A（合併・買収）への投資をおこなう。さらには（3-1）資本コスト低減につながる有利子負債の返済をおこなう。以上の取り組みを実施し，（3-2）それでも余剰資金がある場合には株主に還元する。株主還元の方法は，配当および自社株式の取得（自社株買い）である。

　花王は，2018年まで29期連続増配（2019年12月期も増配予定）という東証一部上場企業最長記録を更新し続けている。2018年度連結での配当性向は38.2%であり，日本の上場企業の平均が30%程度といわれるなか，それを上回っている。加えて，自社株式の取得にも積極的である。当期純利益と自己株式取得額，配当金をグラフ化すると，利益に応じて株主還元をおこなう一貫した姿勢が見てとれる（**図表4-4**）。

　このように，花王はEVA®経営によって獲得した資金の使い道まで考慮する総合的な企業価値経営をおこなってきた。企業経営では収益や利益を重視する「稼ぐ」ことが注目されがちだが，事業活動のためには株主や債権者から集めた資金が不可欠であり，資金の効率的活用や，資金提供者が求めるリターンの提供を考慮することは，企業価値経営の実践には必須である。

　花王が「企業価値向上表彰」の大賞を受賞した際に，選定理由のひとつとして挙げられたのが「企業価値向上の実現とその持続を見据えたステークホルダーへの還元」である。企業価値向上の取り組みが，成果としてEVA®やROEといった指標に表され，成長投資をおこないつつ，配当や自社株買いによって十分な株主還元を実現する。企業価値経営のお手本といってよい好循環を，花王は実現してきた。

　花王の経営において特徴的なのは，EVA®やROEの積極的な目標値を設定すると同時に，株主還元についても高い目標を掲げている点である。2019年現在，配当性向の目標値として40％が掲げられており，29期連続での増配を実現している。これほどの長きにわたり増配を実現してこられたのは，花王がEVA®の活用などの適切な経営管理ツールの利用，成長投資，TCR活動などのさまざまな取り組みによって利益を生み出してきたことはもちろん，利益にのみとらわれることなく，株主還元を実現し，さらにその姿勢を一貫して保ち続けてきたことが背景にある。

　2010年代に日本企業で会計不正問題が表出化したように，優良経営をおこなうと目されていた会社でも，知らず知らずのうちにその屋台骨が蝕まれていくことは少なくない。一時的に優れた経営コンセプトを打ち出すことはできても，優れた経営を継続することは難しい。経営は，不断の努力を持続することで，その水準が保たれるものであり，維持・向上する努力を怠れば，「これくらい（で）いいんじゃないか」という緩みが，組織に蔓延することになる。

　一方，花王においては，20年にわたりEVA®を活用した経営が継続され，29

期連続の増配を実現してきたことは特筆すべきことである。EVA®経営という一貫性を堅持し，中期経営計画を通じたEVA®の浸透，その時々の経営方針に応じたTCR活動の進化など，表には出にくい不断の経営努力と現場の努力による継続的革新が，花王の企業価値経営を支えてきたといえよう。

さらに深く学びたい人のために

◉石川博行（2019）『会社を伸ばす株主還元』中央経済社。
　　株主配当や自社株買いといった株主還元の方法と企業成長との関係についての実証的な研究書である。
◉田中慎一・保田隆明（2019）『コーポレートファイナンス：戦略と実践』ダイヤモンド社。
　　資金調達から株主還元まで，企業のファイナンスを総合的に学べる専門書である。
◉砂川伸幸（2017）『コーポレートファイナンス入門〔第2版〕』日経文庫。
　　コーポレートファイナンスの読みやすい入門書である。
◉津森信也（2011）『入門企業財務：戦略と実務〔第4版〕』東洋経済新報社。
　　企業財務の戦略から実務まで解説する教科書，実務書である。

124

4-3 グローバルキャッシュ マネジメント

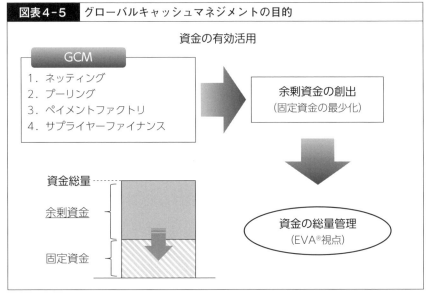

| 図表4-5 | グローバルキャッシュマネジメントの目的 |

〈出所〉花王株式会社

　花王では，以前からキャッシュマネジメントによる資金の集中化および有効活用に取り組んできた（**図表4-5**）。1985年に，資金の集中化のため，手形・小切手を廃止し，国内花王グループ各社の支払いを一元化した。2011年には，グローバルキャッシュマネジメント（Global Cash Management，以下，GCM）を導入した。その目的は，資金の有効活用とグローバルな資金集約化であり，具体的には，2011年に，ネッティング（netting）と，ドルとユーロのプーリング（pooling），2012年に，ユーロ圏のペイメントファクトリ（payment factory），2013年に，サプライヤーファイナンス（supplier finance）を導入した。

　ネッティングは，グループ会社間の債権・債務を相殺して差額決済をおこな

うことで，決済業務を効率化させるとともに，銀行への支払金利も節約できる。プーリングは，花王グループ各社の口座から事前に決めたルールに基づき，決められた口座に資金を自動的に移動させ，集中管理することで，必要資金を最少化できる。ペイメントファクトリは，グループ各社の支払いを各社が取引ごとにおこなうのではなく，グループ全体として集中管理する仕組みである。サプライヤーファイナンスは，取引先に買掛債務の支払期限の延長を要請し，要請に応じた取引先は，保有する花王向けの売掛債権を支払期限前に売却（資金化）できる仕組みであり，花王の資金繰りに余裕をもたらすとともに，取引先にとっても早期に資金化できるメリットがある。

　これらのGCMの４つの仕組みが，どのように余剰資金を創出（固定資金を最小化）するのだろうか。まず，ネッティングとプーリングには，⑴借入金やグループ内の送金・為替手数料などの低減といった資金効率の向上，⑵通貨危機対応や借入リスクといった財務リスクの軽減，⑶決済件数の低減などの業務効率の向上，⑷花王が導入しているERP（Enterprise Resource Planning）システムであるSAPによる「見える化」の実現といった内部統制の強化（詳細は5-1節），⑸企業グループ意識やグローバル意識の高まりといったマインドの変化という効果が期待される。

　つぎに，ペイメントファクトリには，ネッティングやプーリングの導入効果に加え，余剰資金の創出に不可欠なグローバル資金の「見える化」の実現が期待される。

　最後にサプライヤーファイナンスには，買掛金・未払金の支払期限を延長させ，キャッシュ・コンバージョン・サイクル（Cash Conversion Cycle，以下，CCC）の短縮化が期待される。CCCとは，商品の生産に必要な材料購入などに資金投入してから，商品を販売して資金回収するまでの日数であり，花王では，CCCを

$$\left(\frac{在庫}{売上原価} + \frac{売掛金}{売上高} - \frac{買掛金・未払金}{売上原価} \right) \times 365日$$

という数式で算定する。「在庫／売上原価×365日」は在庫回転期間（日），「売掛金／売上高×365日」は売上債権回転期間（日），「買掛金・未払金／売上原価×365日」は仕入債務回転期間（日）であり，CCCの値が小さいほど，仕入れから販売までの活動にともなう預金や現金の回収期間が短くなることを意味する。

また，GCMによる余剰資金の創出が「資金の有効活用」という目的を達成するために，EVA®経営とも深く関わっている。前節でも説明したとおり，「資金をどう使うかがEVA®の真髄」であり，「資金の有効活用」はEVA®経営には不可欠である。

花王のGCMは余剰資金（固定資金）を最大化（最少化）することで，「NOPAT（税引後営業利益）−資本コスト」の数式から算出されるEVA®経営に貢献している。GCMのNOPAT向上への貢献としては，花王では将来の成長に向けて，成長性が期待される事業への積極的な設備投資と，既存事業とのシナジー効果が期待される事業のM&A（合併・買収）を，2つの重要な軸としており，NOPATを稼ぐ投資のための余剰資金の最大化によって応えている。GCMの資本コスト低減への貢献についても，花王では自己株式の弾力的な取得・消却や有利子負債の返済に積極的に取り組んでおり，余剰資金の最大化によって応えている。

1990年代の後半，米国の大手銀行がプーリング手法を開発したのがGCMの始まりだとされている。日本企業では，2000年に，ソニー㈱が英国に財務統括会社（Sony Global Treasury Services）を設立し，グローバルな財務業務の統合マネジメントを始めたのが先駆的取り組みであり，花王は，日産自動車㈱，パナソニック㈱，富士フイルムホールディングス㈱などとともに日本企業の先頭グループに位置づけられる。

花王のGCMは，単なる資金の集中管理を目的にするのではなく，時間をか

けて国内外の現状と課題を把握し，グローバル基準のルールを整備し，最適な資金の総量管理を目指して，運用している。例えば，すでに紹介したサプライヤーファイナンスは，一般にはサプライチェーンファイナンス（supply chain finance）と呼ばれる金融サービスのひとつで，2015年に，花王とシティバンクが提携し，タイで実現させた独自の仕組みである。サプライチェーンファイナンスは，個別の会社と銀行間の取引ではなく，サプライチェーンに属する企業間の資金決済や資金繰りの効率化を図る金融サービスである。

　また，GCMはEVA®経営とも連動している。花王では「資本の効率的活用」と「株主視点」の両立を目指すEVA®経営に向けて，キャッシュマネジメントによって余剰資金を創出し，資本コストを低減し，「NOPATを稼ぐ」設備投資およびM&Aも視野に入れている。つまり，花王のGCMがEVA®指標を改善するだけでなく，EVA®経営の仕組みはGCMの羅針盤として機能し，ステークホルダーの長期的利益を実現する仕組みであるといえよう。

第4章　本社財務部

さらに深く学びたい人のために

●福嶋幸太郎（2018）『連結経営実現のためのキャッシュ・マネジメント・システム』金融財政事情研究会。
　　キャッシュマネジメントを14社の導入事例から学べる専門書である。
●西山茂（2013）『キャッシュマネジメント入門：グループ企業の「資金の見える化」』東洋経済新報社。
　　グループ企業の経営管理の仕組みの観点からキャッシュマネジメントを解説する入門書である。
●伊藤邦雄（2018）『新・現代会計入門〔第3版〕』日本経済新聞出版社。
　　グループ・グローバル会計にも詳しい代表的な教科書のひとつである。
●桜井久勝（2017）『財務諸表分析〔第7版〕』中央経済社。
　　キャッシュフロー計算書を含めた財務諸表分析の基礎的かつ代表的な教科書のひとつである。

先輩が語る4

本社財務部　2004年入社

　私は2004年に入社し，栃木工場経理部門にて2年および本社管理部管理会計グループにて5年の経験を経て，入社8年目の時に本社財務部へ異動となり，8年間財務部に在籍しました（2年間の産休・育休期間を含む）。

　財務部は財務会計や管理会計，原価計算など経理のメインの部署とは少し畑が違うかもしれません。少人数で借入れや社債発行などの資金調達，M&A（合併・買収）実施に伴う外貨調達，キャッシュフローの把握，余剰資金の運用，自社株買い，為替リスクのヘッジなどをおこなっており，コンパクトな組織ながらダイナミックな活動があります。金融機関の方々との接触が多いのも特徴で，社外の研修やセミナーに参加する機会も得やすく，新しい情報を素早く入手できる点や他社の財務部の方々との情報交換等は大変有益でした。加えて，私が在籍した期間はちょうどグローバルキャッシュマネジメントの導入，拡大期でした。

　グローバルキャッシュマネジメントの業務では，花王グループとして一括して資金管理をする新しい仕組みを，複数取り入れました。金融機関や情報システム部門の担当者とともに，多くのグループ会社の経理の方々とWeb会議をしながら導入対応をおこなうのは，今までにない非常に良い経験になりました。語学面の苦労などは絶えませんでしたが，失敗はその後の糧になっているように思います。

　入社前はあまり財務部への希望はなかったのですが，社内だけでない金融機関や市場と花王グループの関わりを知り，グローバルな視点を持って花王グループを資金面で主導していくという仕事を経験することができ，得るものは非常に多かったです。財務部を経験することで，経理パーソンとしてぐっと視野が広がったのではないかと思います。

Kao

第 5 章

経理企画部

　あなたは，入社から5年が経過し，原価計算・管理と管理会計に加え，財務についても学んできました。そこで，経理企画部への転属が決まりました。経理企画部プロジェクト推進は花王の特徴的な組織で，取り組む必要のあるテーマがあるときに専任メンバーによるプロジェクトが立ち上がります。

　花王では，2000年以降のさまざまな情報システム革新や2016年のIFRS（国際財務報告基準）適用に関していくつものプロジェクトを立ち上げ，運営してきました。そうした情報システムの絶えざる革新や，IFRSとこれまでの日本基準との違いへの対応，グローバル経営を理解するためにも，大いに学びましょう。

　第5章で学ぶこと，特にIFRSについては，言い換えれば，海外子会社の方々とのコミュニケーションを学ぶ機会ともいえます。

5-1 経営管理ツール ― ERP： ABSからGMAPへ

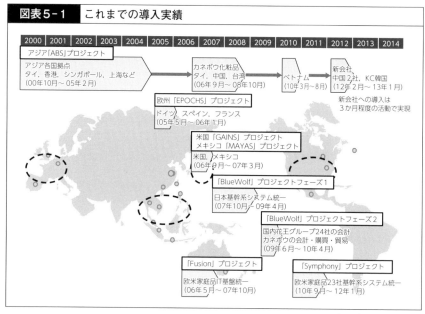

図表5-1　これまでの導入実績

〈出所〉花王株式会社

　花王では，「絶えざる革新」を大切に考え，グローバル視点に立ったチームワーク活動として，常に経営管理ツールを見直し，最新化している（**図表5-1**）。

〈第1段階：アジア「ABS」プロジェクト〉（図表5-2）

　ABS（Asian Business Synchronization）プロジェクトは，2000年10月から調査フェーズ（プロジェクト立ち上げのための事前調査期間）に入り，2002年1月，花王すみだ事業場の階段教室（現在の花王ミュージアム）においてキックオフし

た。

　2005年2月，アジア各国の関係会社25社に導入を終えるまで，家庭品販売，ケミカル販売，ロジスティクス，生産，購買，会計，IT，PMO（Project Management Office）の専任のプロジェクトメンバー72名を含む約1,000名におよぶ人員が関わる一大プロジェクトであった。

　ABSプロジェクトの目的は，現在の仕事を単に新システムに置き換えるのではなく，アジア各国のこれからの広域化運営にあたり，(1)業務の標準化を推進すること（業務標準化プロジェクト）と，(2)統一ERP（Enterprise Resource Planning：企業資源計画：調達から販売までの基幹業務を統合したシステム）パッケージソフト（SAP社R/3）をベースに，標準化された業務の改善を推進すること（業務改善プロジェクト）にあった。ABSプロジェクトは，日本と現地会社や多くの部門が横断的に協働するはじめての取り組みであり，今後のグローバル化を推進するためのインフラ整備としても不可欠な活動であった。

　ABSプロジェクトの活動を説明しよう。業務改善プロジェクトでは，新供給計画方式の導入や基本業務の改善・標準化，予算管理，関係会社間の同期化，最適生産計画の導入を進めた。これらの実現には，業務標準化プロジェクトとの連携が不可欠であった。業務標準化プロジェクトの活動は，まず，各チームが，業務プロセス，コード，ルール，KPI（Key Performance Indicator：重要業績指標）を標準化したビジネスモデルの作成と，目指すべき標準化の骨格に位置づけられるテーマであるKey Changeをプロジェクト全体で63テーマ設定した。つぎに，タイと香港のパイロット会社を皮切りに，アジア各社の現地メンバーとともに，現状オペレーションとのFit & Gap分析（導入するパッケージソフトと業務との適合性を分析・判断する作業）から始まり，課題解決，文書化，導入テストを経て，本番移行，導入後フォローという手順でプロジェクトを展開した。アジア各国での滞在延べ日数は約2万日におよぶ大規模な活動であった。また，これらの2つのプロジェクト活動には，データセンターの構築，標準化維持のためのサポート体制の構築，インフラの更新・アップグレードといった情報システム部門による標準化のためのインフラ構築との連携も不可欠

第5章
経理企画部

132

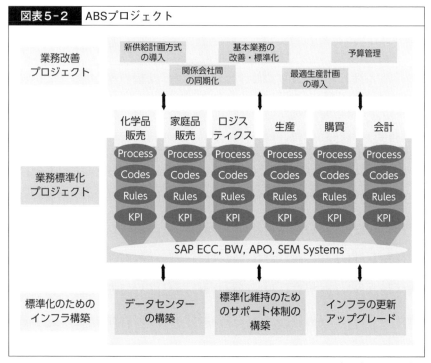

| 図表5-2 | ABSプロジェクト |

〈出所〉花王株式会社

であった。

　会計チームは，勘定科目マスターの統一，売掛金や買掛金管理プロセスの標準化，仕入時点と使用時点の標準実績差異把握，製造原価の財務会計と管理会計の分離管理，換算為替レートの標準化など，14テーマのKey Changeに取り組んだ。経理部門出身メンバーは，会計チームのみならず，他チームにも参加し，ステアリングコミッティー（大規模なプロジェクトにおける全体の利害調整や最終的な意思決定をおこなう組織）にも経理担当役員，部門責任者が名を連ね，プロジェクトの重要な役割を果たした。

　ABSプロジェクトの成果はどのようなものだったのだろうか。本社では，アジア各社の状況をリアルタイムに，標準化された体系で把握可能となり，現地でも，「見える化」の実現とSAPデータを使ったマネジメントサイクルの実

現や，グループ会社間の連携が強化され，ベストプラクティスの横展開が加速
されることにつながった。また，ABSプロジェクトは企業トップからの強力
なコミットメントを得ていたこともあり，2005年度の社長有功表彰を受けたこ
とでその後の展開に弾みがつき，プロジェクトメンバーは貴重な経験とともに
社内外の広い視野と知識，人脈をもつ人財として成長した。

　その後，ABSプロジェクトの活動は，情報システム部門内に新設されたGBS
（Global Business Synchronization）グループに引き継がれ，アジア各社の運用窓
口，その後の標準テンプレートの維持・開発，そして，欧米ケミカル各社やカ
ネボウ化粧品への展開を担っていく。

〈第2段階：国内SAP導入「Blue Wolf」プロジェクト〉

　アジア各国でのABSプロジェクト，その後の欧米での導入を経て，いよい
よ国内にもSAPを導入することとなる。これまで日本では，多数のサブシステ
ムが複雑に連携しながら運用されており，その抜本改革はリスクが高いことや，
全体では整合性を欠くところがありながらも，自前の改善を重ねてきたユー
ザーフレンドリーな仕組みに慣れ親しんでいることが大きな壁となって，SAP
導入が見送られてきた。しかし，重要な基幹システムのひとつである生産シス
テムの更新時期が到来したことが契機となり，2007年10月，日本基幹系システ
ム統一活動を始めることとなる。このときに，アジア，欧米各国で培ってきた
標準化システムの逆輸入に，思い切って舵を切ったといえる。

　この国内SAP導入「Blue Wolf」プロジェクトを進めるため，再度，各部門
から選任メンバーが集められた。2010年4月まで続くプロジェクトは，部分最
適なシステムとその運用に慣れ親しんでいた現場との葛藤の日々の連続であっ
た。例えば，これまではひとつのオペレーションでできていたことが，内部統
制の観点から複数のステップに変更しなければならないことの説得など，大変
なこともあった。それでも，会計だけでもマスター類（一元的に社内から集め
られた会計情報）を含めて，2,000近くのデータベースに自由にアクセスできる
状況下で，各自がデータ加工し資料を作っていた当時のやりかたでは，管理会

計のみならず法対応業務においても担当者による品質の違いが生じてきていることへの危機感もあり，標準化への要請の機運は高まっていた。

「Blue Wolf」プロジェクトの最も困難な会計課題は，予算編成回数を年に2回から1回に削減することであった。これまで上期と下期の年2回の予算編成をしている日本を，外部ステークホルダーには年間でコミットメントしていることに歩調を合わせ，アジア・欧米と同様に年1回の予算編成に変更した。もちろん予算編成回数を減らすことで，年度後半の予算精度が落ち，下期の予算と実績を比較することへの否定的な意見も聞かれたが，販売予算から生産・調達予算まで品名ベースで積み上げる膨大な予算編成作業が，半分に効率化された効果は大きかった。

また，「Blue Wolf」プロジェクト期間中，社内報である『経理ホットニュース』（1988年から30年以上にわたり毎週月曜日発行，現在1500号を超える）に連載記事を載せることで，活動の様子や変化へのチャレンジ精神が社内で共有されていった。

「Blue Wolf」プロジェクトの後，この活動は欧米家庭品各社への導入（Symphonyプロジェクト）を展開した後に一段落し，各社の会計情報はSAPに集まり，本社からもグループ各社の情報を収集する基盤が整った。

〈第3段階：GMAPプロジェクト〉（図表5-3）

このように，花王ではグローバル化と積極的なM&A（合併・買収）を進めるとともに，花王グループ入りする各社へ展開する共通の情報システムやインフラを整備してきた。ただ，これで経営管理ツールの導入は終わりではなく，つぎに取り組まなくてはならない課題が残っていた。

残された課題として，これまでSAPをツールとして，段階的に標準化プロジェクトを進めてきたことで，結果的にグループ企業の会計情報が，4つのインスタンス（サーバー）に分かれてしまっていた。そのため，グローバルに経営指標の数値を把握するためには，各インスタンスからデータを収集し，手作業でレポートを作成する多大な労力と時間を要していた。また，手作業による

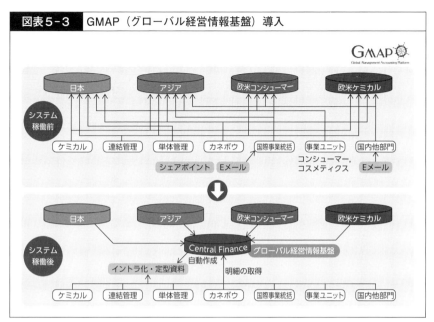

レポート作成は，業務負荷の増大に加えて，入力ミスのリスクをはらんでおり，花王がグローバルな会計情報分析のさらなる高度化と，より迅速な経営情報提供による意思決定支援強化を実現するためには，会計情報基盤の構築が必要不可欠であった。

この課題を解決するために導入されたのが，SAPから発表されたCentral Financeである。グローバルに売上や利益といった会計情報を一元化し，各インスタンスのマスターやデータの属性の違いをそろえ，集計作業を自動化，グローバル標準レポートを作成することを目的に，2018年6月，GMAP（Global Management Accounting Platform：グローバル経営情報基盤）プロジェクトのフェーズ1がスタートした。会計分野のみを先行させたプロジェクトであるが，2018年9月に，無事に本稼働にこぎつけた。

GMAP導入の成果はどのようなものだろうか。例えば，8月単月や，1月から8月累月の花王グループ全体の「ベビーオムツ」事業の損益をまとめる際

に，以前であれば，管理会計担当者は，9月に4つのサーバーのデータにアクセスし，エクセル機能を使ってデータの連携，整合性をとったのち，手作業でレポートを作成し，この一連の業務に2日を要していた。一方，現在では，9月の第7営業日には，対象期間を指定し，ボタンひとつで同じ情報が入手可能となり，飛躍的なスピードアップを実現できている。また，8月の途中であっても，リアルタイムでCentral Financeに集まってきている会計情報を活用することで，部分的ではあるが，損益進捗管理の可能性も見えてきており，確実に管理会計情報は進化してきている。

　現在は，GMAP（Global Management Accounting Platform）プロジェクトのフェーズ2である⑴グローバルデータを「見せる化」するプッシュ型の情報（会計上の気づきを自動的にシステム側から提案）によるPDCA（Plan-Do-Check-Action）サイクル早期化・高度化の実現，⑵GMAPデータ活用による監査の高度化，⑶経費予算，見込業務の効率化が進められている。

　何より花王は，「情報」という経営資源の重要性を熟知している。2009年当時の社長が雑誌インタビュー（『日経コンピュータ』2009年11月25日号）において「情報は商品と同じくらいの価値がある」と語っているように，花王の情報システムへの積極的な取り組みは，他社ではなかなか見られるものではない。それは投資金額が大きいだけではない。組織構造の上でも，1-1節で紹介したように会計財務部門内に情報開発グループが配置され，会計財務業務に精通したエンジニアが日常的に情報システムの開発・運用を担う体制が古くから構築されている。加えて，長い年月をかけて，すべての拠点・部門の多くの人が関わりながらシステムを構築することも特徴的である。

　情報システムの開発・運用においても「絶えざる革新」を続ける姿勢に，花王のすごみを感じる。例えば，IT Japan Award 2010の準グランプリを受賞した「ERPを使ったグローバル一体運営基盤」（2009年4月稼働）は，国内のみならず海外も含めて，生産，物流，販売，会計などの主要業務を標準化，システ

ム化している。当時，このようなシステム統一を成し遂げた企業，それもメーカーはほとんどなく，その後もさらなる革新を続ける姿は「すごい」の一語に尽きる。

　グルーバル化が進み，自前主義を捨ててERPパッケージの導入を進める企業も増えてきたが，他社では，これまでのシステムのほうが使い勝手がよいと感じる経理パーソンも多い。生産系が優先されがちなERPパッケージをベースに部分的に独自開発しても，かつては収集できたデータがとれなくなったり，膨大なデータが集まるようになったため処理速度が遅すぎるといった事態も起きている。

　一方，花王ではそうした声は聞かれない。情報システム部門と利用部門，トップマネジメントとスタッフ・現場，パッケージソフトと独自開発といった通常は生じる葛藤を，長い歳月をかけて話し合い，開発し，妥協を許さない姿勢により，業務とシステムの統合に成功している非常に稀な会社である。

さらに深く学びたい人のために

◉櫻井通晴（2019）『管理会計〔第7版〕』同文舘出版。
　　日本を代表する教科書のひとつである。ERP導入にも詳しい。
◉「特集　蒼き狼（Blue Wolf）を追う　花王株式会社」『日経コンピュータ』2009年11月25日号，32-45頁。
　　花王の情報システムへの考え方，取り組みがわかる雑誌記事である。
◉企業予算制度研究会編（2018）『日本企業の予算管理の実態』中央経済社。
◉新江孝（2014）「日本企業の管理会計・原価計算実務に関する調査結果の分析：先行調査研究との比較」『商学研究』（日本大学）30，105-124頁。
◉清水孝・小林啓孝・伊藤嘉博・山本浩二（2011）「わが国原価計算実務に関する調査(1)」『企業会計』63(8)，72-81頁。
　　以上の3点の文献では，日本企業におけるERP利用実態に関する郵送質問票調査の結果が示されている。

第5章

経理企画部

5-2
IFRS

| 図表5-4 | IFRS（国際財務報告基準）の導入-1 |

IFRSプロジェクト	なぜ　いま IFRS導入なのか
2010年　プロジェクト発足 　　　　（勉強会→導入→展開→移行）	①他社に先駆けて早期に導入 　・チャレンジ精神（絶えざる革新）
2012年　決算期変更（同時決算）	・グローバルに経理レベルを向上
2013年　定率→定額償却へ統一	・グローバル経営の視点（投資家ほ
2014年　複数元帳化（システム変更）	か）からの要請
2015年　論点整理・経理規程等の整備	
2016年　IFRS適用	②EVA®に合致
耐用年数の統一（機械装置）	・企業価値志向の観点
2017年　IFRS15号早期適用	
（世界で6社目）	③中期経営計画策定のタイミング
楽天：日本	・K-15の終了，K-20の策定
Electra：イスラエル電力	
Emarr：アラブ・不動産	
IFA：ドバイ・ホテル	
Play：ルクセンブルク・通信	

〈出所〉花王株式会社

　花王では，他社に先駆けて，2016年第1四半期からIFRS（International Financial Reporting Standards：国際財務報告基準）を適用している。

　その背景には，脈々と受け継がれてきたチャレンジ精神（絶えざる革新）の実践や，会計財務部門ではグローバルな経理レベルの向上，投資家を含め，グローバル経営の視点からの要請があった（図表5-4）。

　また，主要な経営指標として重視しているEVA®（Economic Value Added：経済的付加価値）とIFRSが合致していることも，IFRS導入を後押しした要因である。IFRSとEVA®の合致とは，企業価値志向の観点が合致していることに

加え，損益計算書だけでなく財政状態計算書（a statement of financial position: F/P）も重視していることや，EVA®はもともと米国基準に準拠した指標であり，日本基準ではEVA®の算定のために調整が必要（財務データとの不一致）となるが，IFRSでは調整が必要な項目がほとんどないことである（**図表5-5**）。

EVA®はStern Value Management（旧Stern Stewart & Co.）社の登録商標で，事業活動において生み出された営業利益から税金費用を控除した税引後営業利益（NOPAT：Net Operating Profit After Tax：税引後営業利益）から，企業が事業活動に使用した投下資本（株主資本と有利子負債）に対する資本コストを引いた後の残余利益のことである。花王では，EVA®を継続的に増加させていくことが企業価値の増大につながると考えている（詳細は前章）。

加えて，2016年は，2013年を初年度とする花王グループ中期3カ年計画K15の最終年であり，同時に2017年度から2020年度までの4カ年を対象とした中期経営計画K20（詳細は0-3節）の策定タイミングであったことも，導入時期として最適であった。

IFRS導入プロジェクトについて説明しよう（**図表5-4**，**図表5-5**）。2010年にプロジェクトを発足し，勉強会から始め，導入に向けての準備，展開を経て，2016年の導入まで足掛け6年の歳月をかけた。プロジェクトの専任メンバーは4名から6名で，主要課題を円滑に解決して導入を進めるため，そのほかのメンバーは兼任で，総勢30名から40名の体制をとった。

IFRS導入の目的は，グループ経営管理の品質向上，グループ各社・各事業間で統一された仕組み・情報に基づく経営の実現，財務諸表の国際的な比較可能性の向上の3点であった。

この目的のために，IFRS導入に向けた主要課題の解決に，つぎのように取り組んだ。

2012年に，決算期を3月期から12月期に変更した。海外連結子会社と決算期を統一することにより，経営数値がより実態に即したものとなり，経営の透明性向上を図るためであった。

第5章 経理企画部

140

図表5-5　IFRS（国際財務報告基準）の導入-2

EVA®に合致とは？

◆花王は，EVA®を主要な経営指標
◆EVA®は，もともと米国基準に準拠した指標

◆日本基準 ➡ EVA®算定には調整が必要
　EVA®＝NOPAT－資本コスト
　　　　　資本コスト＝投下資本（株主資本＋有利子負債）×資本コスト率
　※財務データと不一致が生じる
◆IFRS ➡ EVA®算定の調整が不要
　※財務データと整合性が取れる（正確には完全な一致ではない）

花王におけるIFRSの特徴

①複数元帳化により，各社…IFRSと現地GAAPの決算
　　　　　　　　　　　連結…IFRS決算
②耐用年数の統一により，会計基盤も同一化
③EVA®との相関性を重視
④事業利益導入により，混乱を回避
⑤経理全メンバーが「IFRS経理規程」を学習，「論点整理」「説明資料」の3点セット
　（日・英語）

〈出所〉花王株式会社

　2013年には，定率法から定額法へ，固定資産の減価償却方法を変更した。企業活動をより適切に反映したグローバルな事業の一体運営の推進を図るためであった。

　2014年に，複数元帳化へのシステム変更を実施した。IFRSと各国ローカル会計基準の両方の記帳を可能にするためであった。国によっては，課税所得の申告は，確定した決算書に基づいておこなう必要があり，ローカル基準での元帳を準備しなければならない。システム変更の結果，IFRSとローカル基準の両方の財務諸表が作成でき，IFRSで経営情報の管理ができるようにもなった。

　2015年に，「IFRS経理規程」「論点整理」「説明資料」を日本語と英語で作成し，3点セットと名づけ，花王グループの社内ホームページに掲載した。「IFRS経理規程」の作成はもちろんだが，加えて，経理部門の全メンバーが

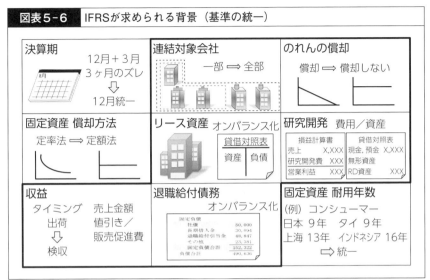

〈出所〉花王株式会社

「IFRS経理規程」をより理解できるように，「IFRS経理規程」作成時に論点となった事項を「論点整理」として文書化するとともに，「IFRS経理規程」を補完する「説明資料」も作成した。「IFRS経理規程」の作成にあたって論点となった項目とその結論を文章化することで，次世代に知見を受け継ぐためでもあった。

　「IFRS経理規程」は20項目から構成され，各項目に文筆責任者を選任した。

　IFRS導入時には，「説明資料」を使用して国内外の経理メンバーに教育活動を実施するとともに，Webによる理解度テストも実施した。また，事例の追加やわかりにくい表現の見直しなどを含め，毎年，改訂項目の洗い出しを実施し，監査法人の確認を経て，改訂版を発行している。つまり，一度，作成したら終わりではなく，常により良い洗練された規程になるように努めている。

　そのほかにも，IFRSと日本基準とでは営業利益の概念が異なるため，日本基準で表記していた営業利益を「事業利益」として導入し，社内の管理を事業利益と営業利益の2段階でおこなうこととした。

第5章　経理企画部

　2016年，IFRS導入と同じタイミングで，コンシューマープロダクツ事業における機械装置の耐用年数をグローバルに統一した。それまでは，日本やタイは９年，上海は13年，インドネシアは16年と異なっていたが，機械装置を中心とした積極的な設備投資を実施していくなかで，製造原価の比較が可能となり，生産拠点の最適化をグローバルレベルで検討するためであった。

　IFRS適用翌年の2017年には，収益認識基準の改訂があり，IFRS第15号（顧客との契約から生じる収益）を2017年度から早期適用（世界でも６社目）した。強制適用は2018年度からであったが，チャレンジ精神と花王グループ中期経営計画K20の初年度であったこともあり，早期適用した。

　すでに説明した決算期の変更，固定資産の減価償却費方法の変更，コンシューマープロダクツ事業における機械装置の耐用年数の統一のほかに，IFRS導入に伴い，基準を統一した主要な項目を挙げておこう（**図表5-6**）。

⑴　収益を認識する適切なタイミングや売上控除となる取引の範囲
⑵　支配しているか否かで判断する連結対象会社の範囲
⑶　資産を使用する権利の有無で判断するリース取引の資産化
⑷　年金資産の期待運用収益と運用実績との差異および退職給付債務の見積
　　数値と実績との差異などについても，全額を退職給付債務として認識
⑸　のれんの非償却（IFRSを策定する国際会計基準審議会（IASB：The
　　International Accounting Standards Board）では，一定期間で償却する方向で
　　現在，検討中）
⑹　一定の要件を満たした研究開発費の開発局面での発生費用の資産化

　基準の統一により，財務諸表のグローバルな比較が実現できることはいうまでもないが，何より大切なことは，社内の経営管理にしっかり活用し，企業価値を高め，利益ある成長につなげることである。

**ココが
すごい！**

　　2016年，花王は，日本企業での適用が100社に満たない早い段階でIFRSを適用している。IFRS導入においても，そのほかの経営管理ツール導入時の取り組みと同様に，十分な歳月をかけて準備を進めてきた。十分な準備が整っていたため，移行後のIFRS15号適用は，さらに他社に先駆けたものとなっている。

　グローバル経営への対応という理由だけでなく，花王の最重要経営指標であるEVA®との整合性の良さを熟慮した後の適用であり，IFRS適用を経営管理の「絶えざる革新」に連動させている。

さらに深く学びたい人のために

◉秋葉賢一（2018）『エッセンシャルIFRS〔第6版〕』中央経済社。
　　IFRSの基本的な考え方を学び，適用・実践に役立つ教科書である。
◉あずさ監査法人（2016）『詳細解説 IFRS実務適用ガイドブック〔第2版〕』中央経済社。
　　IFRSの実務担当者の疑問に応えうる実用的解説書である。
◉櫻井通晴（2019）『管理会計〔第7版〕』同文舘出版。
　　日本を代表する教科書のひとつである。IFRS適用の管理会計・原価計算への影響にも詳しい。
◉清水孝（2014）『現場で使える原価計算』中央経済社。
　　大規模な質問票調査に基づき，日本企業の原価計算実務を明らかにしている。IFRSの原価計算についても詳しい。
◉櫻井通晴（2015）「IFRSが原価計算の理論と実務に及ぼす影響：連単分離と原価計算実務変更の必要性」『企業会計』67-2，46-55頁。
　　IFRS適用が原価計算実務に与える影響について問題点を指摘し，改善点を提案する論文である。
◉櫻井通晴（2014）『原価計算』同文舘出版。
　　IFRSを導入した場合の処理も踏まえた原価計算の体系的かつ網羅的な教科書である。

先輩が語る5

本社 管理部 税務会計グループ　2011年入社

　私は2011年に入社し，初期配属の和歌山工場で原価計算を3年，その後管理会計G（グループ）へ異動となり，ファブリック＆ホームケア事業担当として2年半，事業部およびブランドをサポートする業務に就きました。2016年からは海外業務トレーニーとして2年間，花王USAへ駐在しマス製品の管理会計を担当し，帰国後は税務会計Gにて国際税務に係る業務をおもに担当しています。

　まず，私が思う花王経理の特徴的な点は，若手でもチャレンジングな仕事ができることです。私が管理会計Gへ異動した際，毎月，収支検討会という事業部長への予算進捗や見込の報告・収支改善策の提案をする会議体がありました。普通の企業だと入社3年目の社員が事業部長の前で発表する機会はなかなかないと思いますが，花王では日常的にそのようなことが起こります。しかも，そんな若手の話でも真剣に耳を傾けてくれる。その分プレッシャーもありますが，その提案が事業を大きく動かすということを考えると，非常にやりがいのある仕事かと思います。

　つぎに，経理という仕事のおもしろさについて。実務に目を向けると，私は学生時代に会計を学んでいたので，ひととおりの理論は理解したうえで入社したつもりでした。しかし，実務の世界に入ると，理論と実務の壁は非常に高く，勉強したことが役に立たないと感じ，挫折することもしばしばです。いくら合理的で筋の通った提案でも，結局，動くのは人です。経理は一人では何もできない，周りを巻き込み，人を動かして初めて成果が出る仕事だと今は思っています。そのためにはいかに人に納得してもらえるように（表現方法や話し方の工夫も含めて）説明するのか，そしてどこまで彼らのビジネスを親身に理解できるか。これらの点は管理会計だけでなくすべての経理の仕事に共通のものだと思いますし，そこが経理の仕事のおもしろさであり，難しさだとも感じています。学生のみなさんには，是非そのような経理のエキサイティングな部分を知っていただき，就職活動の1つの選択肢として検討いただければと思います。

　6年間，管理会計を中心にしっかりと会計・財務業務を学んできたあなたに，以前から希望していた念願の花王USAへの転属が決まりました。業務トレーニー（研修員）管理会計担当としての赴任です。これからも大いに学んでください。

　経理パーソンとして，人として，大きな夢を描き続けるあなたをこれからも応援しています。

索　　引

●企画・編集・執筆

吉田　栄介（よしだ　えいすけ）　慶應義塾大学商学部教授
2000年　神戸大学大学院経営学研究科修了，博士（経営学）
2017年・2018年　公認会計士試験試験委員
〈主要業績〉
『持続的競争優位をもたらす原価企画能力』中央経済社（日本会計研究学会太田・黒澤賞，日本原価計算研究学会学会賞），『日本的管理会計の探究』中央経済社，『日本的管理会計の深層』中央経済社など，受賞歴，著書・論文多数。

●執筆者一覧

花王株式会社 会計財務部門

————————————

妹尾　剛好（せのお　たけよし）　中央大学商学部准教授
2011年　慶應義塾大学大学院商学研究科単位取得退学

福島　一矩（ふくしま　かづのり）　中央大学商学部准教授
2009年　慶應義塾大学大学院商学研究科単位取得退学

徐　智銘（じょ　ちめい）　秋田県立大学システム科学技術学部助手
2018年　慶應義塾大学大学院商学研究科単位取得退学

森　浩気（もり　こうき）　千葉商科大学商経学部専任講師
2018年　慶應義塾大学大学院商学研究科単位取得退学

桝谷　奎太（ますや　けいた）　高千穂大学商学部助教
2019年　慶應義塾大学大学院商学研究科単位取得退学

岩澤　佳太（いわさわ　けいた）
慶應義塾大学大学院商学研究科後期博士課程在学中

花王の経理パーソンになる

2020年2月1日　第1版第1刷発行
2024年3月30日　第1版第12刷発行

編著者　吉　田　栄　介
　　　　花　王　株　式　会　社
　　　　会　計　財　務　部　門

発行者　山　本　　　継

発行所　㈱中　央　経　済　社

発売元　㈱中央経済グループ
　　　　パ　ブ　リ　ッ　シ　ング

〒101-0051　東京都千代田区神田神保町1 - 35
電話　03 (3293) 3371(編集代表)
　　　03 (3293) 3381(営業代表)
https://www.chuokeizai.co.jp

印刷／㈱堀 内 印 刷 所
製本／㈲井 上 製 本 所

© 2020
Printed in Japan

おすすめします

実践経営会計

吉田栄介〔著〕

第1部 「管理」会計から「経営」会計へ

第2部 コストマネジメント

第3部 業績管理

第4部 グローバル管理会計

"ライバル企業は何してる?"
"すごい企業はどこが違う?"

人材育成や組織設計、統合コストマネジメント、Non-GAAP指標、研究開発の管理会計、日本的管理会計観、グローバル管理会計といった実践的テーマを取り上げて、「実践経営会計」の考え方を展開

中央経済社

管理会計（経営会計）の優れた実践のためには、手法・技法（ITを含む）に精通するだけでなく、ビジネス全体を理解し、管理会計のための組織設計と実施プロセスのマネジメントを円滑に実行し、人材を育成する必要があります。本書では、実務に直結したテーマを取り上げて、「実践経営会計」とは何かを詳らかにしています。

（A5判・296頁）

中央経済社